Literarischer Streifzug durch Regensburg

Michael Kohlhäufl / Stefan Lindinger / Willm Schmülling (Hg.)

Literarischer Streifzug durch Regensburg

Impressionen von Goethe bis Wim Wenders

Mit Fotografien von Uwe Moosburger

Verlag Friedrich Pustet
Regensburg

Diese Publikation wurde gefördert von der Anndre-zu-Sterneck-Gesellschaft für Kunst und Wissenschaft.

Bibliografische Information der Deutschen Nationalbibliothek
Die Deutsche Nationalbibliothek verzeichnet diese Publikation in der Deutschen Nationalbibliografie; detaillierte bibliografische Daten sind im Internet über http://dnb.dnb.de abrufbar.

Gutenbergstraße 8 | 93051 Regensburg
Tel. 0941/920220 | verlag@pustet.de

ISBN 978-3-7917-3313-5
Gestaltung, Layout und Satz: Heike Jörss, Regensburg
Druck und Bindung: Friedrich Pustet, Regensburg
Printed in Germany 2022

Inhalt

„Ein kleines Wunder" – Panorama einer schönen Stadt

Goethe und Eichendorff entdecken den „schönen" Blick auf Regensburg

„Regensburg liegt gar schön.
Die Gegend musste eine Stadt herlocken."
(Goethe, *Italienische Reise*, 3. September 1786)

Regensburg hat so manchen Dichter zum Staunen gebracht. Die meisten Schriftsteller und Schriftstellerinnen*, die ihre Eindrücke aus der heutigen „Welterbe"-Stadt festgehalten haben, waren auf der Durchreise, andere verbrachten einen Lebensabschnitt in der alten Stadt an der Donau oder wurden hier geboren. Auch wenn sich nicht jeder inmitten der früheren Reichsstadt und späteren bayerischen Provinz sofort heimisch fühlte, gibt es kaum einen, der nicht den malerischen Zauber einer fast zweitausend Jahre alten Stadt festgehalten hätte, die einst Schauplatz europäischer Geschichte war.

Johann Wolfgang von Goethe (1749–1832) war nur einer davon. Sein Satz aus der 1816 veröffentlichten *Italienischen Reise* wird oft zitiert, um das Panorama der Stadt mit einem Lob von allerhöchster Stelle auszuzeichnen. Es ist der prägende „erste Eindruck", den Goethe auf seinem Weg gen Süden in Worte gefasst hat. Dabei wird gerne darüber hinweggesehen, dass dem deutschen Dichterfürsten die Physiognomie der Stadt, ihre Baudenkmäler sowie die Atmosphäre ihrer Gassen und Plätze kaum eine Zeile wert waren: die Steinerne Brücke und der gotische Dom im Zentrum, das romanische Niedermünster im Osten, das Alte Rathaus im Westen und nicht zuletzt die italienisch anmutenden Patriziertürme, welchen die Stadt den Beinamen „nördlichste Stadt Italiens" verdankt – das ganze Flair einer „traumhaften italienischen Stadt" (Wim Wenders) ließ Goethe unbeeindruckt. Die schon damals historische „Skyline" hat seit Goethes Zeiten kaum Änderungen erfahren. Heute ist die Regensburger Altstadt als größtes mittelalterliches Ensemble nördlich der Alpen Teil des UNESCO-Welterbes und umfasst nahezu tausend denkmalgeschützte Bauwerke.

Aber Regensburg ist kein Museum. Wenn man überblickt, was Literaten seit Goethe über diese Stadt geschrieben haben, fällt ein Motiv besonders auf: Viele charakterisieren Regensburg, als ob die Stadt eine „Seele" habe. Das rührt nicht nur von ihrer vielzitierten „Schönheit" her, sondern wohl auch von dem Eindruck, dass die alte Stadt schon viel erlebt und überlebt hat und dennoch sie selbst geblieben

Der Reichstag und das Alte Rathaus – Nachglanz des „goldenen Zeitalters" der Stadt

sei – „ewig-alt“ und „ewig-jung“ zugleich scheint sie wie manch andere historische Stadt für die Ewigkeit gebaut. Zeugnisse des Vergangenen und des Bleibenden spiegeln sich in der Geschichte Regensburgs kontinuierlich wider. Die historischen Lebensalter der Stadt prägen ihr Gesicht bis heute.

Die historische Wahrheit von Goethes Satz – „die Gegend musste eine Stadt herlocken“ – lässt sich bis in die Zeit der Kelten zurückverfolgen: „Radaspona“ („Befestigte Siedlung“) nannten sie ihre Siedlung am Zusammenfluss von Donau und Regen. Die strategisch günstige Lage am nördlichsten Punkt der Donau, einer der Hauptschlagadern Europas, lockte auch die Römer. Das Jahr 179 n. Chr., als der römische Kaiser Marc Aurel (121–180) hier das Legionslager „Castra Regina“ („Burg am Regen“) errichten ließ, gilt als Gründungsdatum der Stadt. Auch wenn Marc Aurel, der „Philosophenkaiser“, damit militärische Zwecke verfolgte, nämlich die Sicherung der Donau als der Nordgrenze seines Reiches, kann man gewissermaßen behaupten, die Stadt sei von einem Schriftsteller gegründet worden – seine *Selbstbetrachtungen* sind noch heute von Bedeutung. Nach dem Untergang des römischen Imperiums diente die alte Festung als Pfalz der Bayernherzöge und karolingischer Könige, wurde Herberge und Heimat deutscher Könige und Kaiser, Freie Reichsstadt, mittelalterliche Fernhandelsmetropole und schließlich Sitz des „Immerwährenden Reichstags“ des Heiligen Römischen Reiches deutscher Nation. Die Auflösung des „Alten Reiches“ im Jahr 1806 markiert auch eine Zäsur in der Wahrnehmung der Stadt, die nun dem Niedergang preisgegeben zu sein schien.

Vor dem Hintergrund dieses historischen Umbruchs verglich Joseph von Eichendorff (1788–1857), rund zwanzig Jahre nach Goethe, dasselbe Panorama mit der malerischen Schönheit einer *„Ruine“* – so sein bleibender letzter Eindruck. Im Blick zurück auf Regensburg notierte er am 14. Mai 1807 – auf dem Weg über Nürnberg nach Heidelberg – in seinem Tagebuch:

„Schöne Aussicht auf Regensburg, das in dem fernen Tale mit seinen alten Türmen wie eine ungeheuere Ruine daliegt.“

Eine „Ruine“ war Regensburg damals natürlich nur im metaphorischen Sinne: Die napoleonische Belagerung (1809) stand erst noch bevor, die Stadt war völlig intakt. Aber anders als zur Zeit von Goethes Italienischer Reise lag Regensburg nach dem Ende des „Immerwährenden Reichstages“ (1806) gewissermaßen „brach“ und litt unter dem Verlust der Gesandten – zumindest war dies Eichendorffs erster

Eindruck, als er in „dieser merkwürdigen Stadt ... mit ihren hohen schwarzen Häusern und engen krummen Gassen" spazierte:

„Es ist herzergreifend, wie diese alte berühmte Stadt jetzt durch die Auflösung des Reichstages öde und leer ist; nur die Kirchen schauen, erhaben über die kleinlichen Jahre, einsam aus den alten kräftigen Zeiten der Herrlichkeit herüber."

Eichendorff überhöht die Silhouette der Stadt zum Relikt einer untergegangenen Welt. Mit den „alten kräftigen Zeiten der Herrlichkeit" meinte er die des Heiligen Römischen Reiches deutscher Nation und nicht zuletzt auch die Epoche des in den Augen des Romantikers universalen christlichen Mittelalters. Mit den „kleinlichen Jahren" spielt Eichendorff dagegen auf die Jahre unmittelbar nach der Säkularisation an, als Regensburg von 1803 bis 1810 unter dem Druck Napoleons in ein kleines Fürstentum umgewandelt und dem Mainzer Kurfürsten und Fürstbischof Carl von Dalberg (1744–1817) zugeschlagen worden war. Der ehemalige Reichserzkanzler Dalberg herrschte kurz, aber segensreich über Regensburg. Der anschließende Absturz von der ehemaligen „Reichshauptstadt" zur bayerischen Kreis- und Bezirkshauptstadt war da noch nicht zu erahnen.

Eichendorff, der auf der Reise von seiner schlesischen Heimat über Linz zum Studium nach Heidelberg war, verdanken wir den vielleicht ersten „romantischen" Blick auf Regensburg. Die Stadt wird von nun an in erster Linie ästhetisch wahrgenommen – als „malerische" Gegenwelt zur Moderne. Das Ende des „alten" reichsstädtischen Regensburg ist der Beginn des „romantischen" Regensburg: Die historische Vergangenheit der Stadt ist längst zeitlos geworden, erhaben schaut sie auf den Strom der Zeiten und die kleinliche Gegenwart herab. Politisch bedeutungslos ist Regensburg fast über Nacht zu einem bewohnten Denkmal einer mehr als tausendjährigen Geschichte geworden, es entwickelt sich eine Kleinstadt-Idylle vor großer abendländischer Kulisse. Mit der Eingliederung in das noch junge Königreich Bayern im Jahr 1810 beginnt allmählich auch baulich eine romantische Neuerfindung Regensburgs – sichtbare Zeichen sind die Walhalla (der klassizistische „Ruhmestempel" der Deutschen wurde 1842 nicht zufällig in Sichtweite zur mittelalterlichen Reichsstadt erbaut), die neogotische Königsvilla (1856), die Vollendung der Domtürme (1869). Die Bayern-Könige erneuerten das alte Regensburg im Stil der Mittelalter-Romantik des 19. Jhs. Weithin sichtbar erinnern diese Reminiszenzen noch heute an das goldene Zeitalter der Stadt.

Das „klassische" Regensburg-Panorama: die Steinerne Brücke und der Dom

Regensburgs „goldenes Zeitalter" – das Mittelalter

Das Ende des römischen Imperiums im 5. Jh. war für Regensburg ein neuer Anfang. Im 6. Jh. erwählten die Bajuwaren die alte Römer-Festung zum Hauptsitz ihres Herzogtums, das 788 Karl der Große (†814) in sein Frankenreich einverleibte. Regensburg wurde damit zur karolingischen Königspfalz und 843 zur Hauptstadt des Ostfränkischen Reiches Ludwigs des Deutschen (†876) erhoben, war also so etwas wie die erste bayerische und deutsche Hauptstadt. Bereits seit dem 6. Jh. ist Regensburg auch Bischofssitz. Nach der karolingischen Ära wurde Regensburg erneut Sitz der bayerischen Herzöge und war im Hochmittelalter immer wieder auch Stadt von Kaisern und Königen wie Heinrich II. (973–1024). Der prominenteste Herrscher, der in Regensburg Hof hielt, war nach Karl dem Großen der Habsburger-Kaiser Karl V. (1500–1558).

Ab dem 11. Jh. wurde die Stadt zu einer Drehscheibe des Fernhandels. Die verkehrsgünstige Lage am Knotenpunkt bedeutender Handelswege, der Donau als Ostverbindung sowie der Routen nach Venedig und

Prag, prädestinierte die Hafenstadt zu einem zentralen Umschlagplatz für Güter aus Italien, Osteuropa und dem Orient. Der Bau der Steinernen Brücke (um 1140), des Alten Rathauses (um 1250) und des gotischen Domes (um 1270) sowie die Türme der Patrizierhäuser sind Zeugnisse dieser enormen wirtschaftlichen Blütezeit. 1189 brach Kaiser Friedrich Barbarossa (1122–1190) von hier mit seinem Heer zum dritten Kreuzzug auf. 1245 verlieh der Staufer-Kaiser Friedrich II. (1194–1250) Regensburg die Privilegien einer Freien Reichsstadt.

Nach dem Ende des Mittelalters beginnt ab dem 15. Jh. ein schleichender Niedergang. Die „Türkenkriege" im östlichen Donauraum durchtrennten lange die Lebensader der Stadt, die Donau, innere Fehden kamen hinzu sowie die Konkurrenz durch aufstrebende Städte wie Nürnberg und Augsburg, und auch die Rivalität mit dem Herzogtum Bayern beschleunigte den wirtschaftlichen Abstieg. Den Tiefpunkt der Stadtgeschichte markiert die Zerstörung des jahrhundertealten jüdischen Viertels im Jahr 1519. Die konfessionelle Spaltung ließ nicht lange auf sich warten: Im Zuge der Reformation wendet sich der Rat der Reichsstadt 1542 offiziell dem Protestantismus zu, etwa die

Hälfte der Bevölkerung blieb mit dem Bischofssitz sowie den Klöstern und Stiften jedoch katholisch. Während der Gegenreformation erhöhte der Zuzug von Glaubensflüchtlingen den protestantischen Anteil beträchtlich. Durch den Konfessionswechsel der Stadtspitze geriet die Reichsstadt in ein politisches Spannungsfeld mit dem benachbarten Bayern und den ebenfalls katholischen Habsburger-Kaisern, die dem Reichstag vorsaßen. Im Dreißigjährigen Krieg (1618–1648) wurde Regensburg durch schwedische bzw. kaiserliche und bayerische Truppen belagert, beschossen und besetzt, zu aller Not kam mit dem Krieg auch die Pest. Am Ende hatten die sogenannten Religionskriege der Stadt schwere Schäden und viel Leid gebracht, aber nicht die Zerstörung.

Ein Hauch von höfischem Glanz – der Immerwährende Reichstag

Regensburg war nicht immer „schön". Die Anwesenheit des Reichstages, der nach dem Dreißigjährigen Krieg ausschließlich und von 1663 bis 1806 ununterbrochen in Regensburg stattfand, konnte den wirtschaftlichen Abstieg nur verzögern oder überspielen, aber nicht aufhalten. In Reiseberichten des 18. Jhs. wird nicht selten konstatiert, dass die Stadt einen alten und schwermütigen Eindruck mache. Im Zeitalter der Aufklärung musste Regensburg auf den ersten Blick wie „finsteres Mittelalter" erscheinen. Einen Lichtblick bedeutete hingegen die Niederlassung des Hauses von Thurn und Taxis (1748), dessen Fürsten auf dem Reichstag als Stellvertreter des Kaisers fungierten. Durch deren Hof hielt noch einmal etwas vom Glanz einer Residenzstadt Einzug. Einer der maßgeblichen Köpfe der literarischen Aufklärung, Johann Christoph Gottsched (1700–1766), ließ sich in seinem *Klag-Lied über das rauhe Pfälzer-Land* (1750) sogar dazu hinreißen, Regensburg angesichts des Reichstages als ein zweites Rom darzustellen. Rund 70 Gesandte deutscher Fürsten residierten samt ihrer Entourage in Regensburg, insgesamt bis zu 1000 Personen, die hier einen repräsentativen Lebensstil pflegten, der von prunkvollen Empfängen bis zu Theater- und Opernaufführungen reichte. Was dieses höfische Treiben trotz mancher Lasten für Regensburg bedeutet hatte, wurde deutlich, als zu Beginn des 19. Jhs. fast alle Diplomaten die Stadt verlassen hatten. Ein bleibendes Relikt dieser höfischen Epoche ist die Fürstenallee, benannt nach ihrem Stifter Fürst Carl Anselm von Thurn und Taxis (1733–1805), der von 1779 bis 1781 für alle Bürger der Stadt eine Allee entlang der alten Stadtmauern anlegen ließ, auf der sich bis heute rund um das Welterbe flanieren lässt.

Regensburgs „langes Biedermeier" – vom Ende des „Alten Reiches" bis zum Ersten Weltkrieg

Schon vor rund 200 Jahren wirkte die Altstadt Regensburgs auf den Betrachter wie „aus der Zeit gefallen". Das 19. Jh. wird gerne als Regensburgs „Dornröschenschlaf" bezeichnet. Man könnte auch von einem „langen Biedermeier" sprechen. Gemeint ist die lange Zeit als beschauliche Provinzstadt ab 1810, als die vermeintliche „Ruine" zu einem neuen, bescheideneren Leben erwacht war. Die Industrialisierung des 19. Jhs. ging an der Stadt weitgehend vorbei. Noch um 1900 musste Regensburg jedem Auswärtigen wie dem Berliner Großstadtliteraten Alfred Döblin als ein „Nest" erscheinen. Die Stadt glich eher einer ländlichen Metropole. Erst mit dem Bau des Industriehafens östlich der Altstadt setzte um 1910 eine verspätete Modernisierung ein. Zu dieser Zeit erstreckte sich die Stadt nur wenig über die historischen Stadtgrenzen – das heutige Welterbe-Areal – hinaus. Zwischen 1800 und 1900 hatte sich die Einwohnerzahl von 25.000 auf gerade einmal 45.000 erhöht. Aber dieser weitgehende Stillstand war die Grundlage für das sogenannte mittelalterliche Wunder Deutschlands und den um 1900 stärker werdenden Regensburg-Tourismus. Die Gesamtansicht der größten erhaltenen mittelalterlichen Großstadt Deutschlands blieb dadurch im Wesentlichen unverändert. Als Thomas Mann 1920 anlässlich einer Lesung die Sehenswürdigkeiten besichtigte und sich über manch Provinzielles mokierte, kam er nicht umhin, in seinem Tagebuch das schöne Panorama zu konstatieren: „Schöner Blick auf die Stadt-Silhouette von jenseits der Steinernen Brücke."

Mit seinen alten Mauern war Regensburg lange ein Gegenbild der modernen Stadt. Noch zwischen den Weltkriegen wurde Regensburg für Autoren wie Georg Britting oder auch Werner Bergengruen und Ricarda Huch in einer „Zeit, die sich angesichts der politischen und ökonomischen Erschütterungen nach Altem und Bewährtem zurücksehnte", zu einem traumhaft verlorenen Ort, „wo sich der Fortschritt verschleppt hatte" (Hans Dieter Schäfer). Die Kehrseite dieser Retardierung der Moderne bringt ein überliefertes Verdikt Brittings zum Ausdruck: „Das Beste an Regensburg ist der Schnellzug nach München."

Mit dem Ersten Weltkrieg war es mit der Kleinstadt-Idylle vorbei. Der Weg in die Katastrophe nahm seinen Lauf: Revolution, Weimarer Republik, Weltwirtschaftskrise und NS-Diktatur. Arbeitslosigkeit und Wohnungsnot machten der Stadt zu schaffen. Die Gründung der Messerschmitt-Flugzeugwerke 1936 brachte einerseits Tausende Arbeitsplätze und neue Arbeitersiedlungen, machte aber deutlich, dass die Infrastrukturmaßnahmen letztlich dem Aufbau der nationalsozialistischen Kriegsmaschinerie dienten. Das Werk und mehr als 400 Beschäftigte, darunter Lehrlinge und Zwangsarbeiter, fielen 1943 einem Bombenangriff zum Opfer. Rund 250 so genannte Stolpersteine erinnern heute auf den Regensburger Gassen, Straßen und Plätzen an die überwiegend jüdischen Opfer des Nazi-Terrorregimes.

Dass der Glaube an den „Führer" auch in Regensburg lebendig war, illustriert eine Beobachtung, die Samuel Beckett (1906–1989) auf seiner Deutschland-Reise am 3. März 1937 in Regensburg gemacht hatte: Als er an der Dominikanerkirche vorbeikam, bemerkte er, „dass auf dem Schild über der Nordtüre ‚Grüß Gott' durchgestrichen und mit ‚Heil Hitler' ersetzt wurde!!!"

Ein großes Wunder – die Altstadt überlebt den Bombenkrieg und den modernen Städtebau

Es ist heute kaum vorstellbar, aber noch über die Nachkriegszeit hinaus machte Regensburg einen zum Teil maroden Eindruck. Dabei war die Altstadt von Regensburg wie durch ein Wunder (und aus bis heute nicht gänzlich geklärten Gründen) im Zweiten Weltkrieg nicht flächendeckend bombardiert worden. Der Preis, den andere bedeutende Innenstädte in Deutschland für die NS-Politik zahlen mussten – die totale Zerstörung –, wurde von Regensburg nicht eingefordert. „Nur" an strategisch wichtigen Punkten am Rande der (Alt-)Stadt gab es verheerende Schäden (so fielen der Bahnhof, der Hafen und die Messerschmitt-Flugzeugwerke im Stadtwesten gezielten Bombenangriffen zum Opfer). Nicht zuletzt aufgrund der erhalten gebliebenen Substanz an Wohngebäuden zog es Tausende von Flüchtlingen nach Regensburg. Doch die altehrwürdige gotische Stadt war, obschon weitgehend unversehrt, längst ergraut und im Kern morsch geworden.

Und es folgte ein zweites „Wunder": Bekanntlich hat die Modernisierung der Städte in den Jahrzehnten nach dem Krieg städtebaulich oft mehr Schaden an der historischen Substanz angerichtet als der

Bombenkrieg. Doch auch diese zweite Zerstörungswelle – die Schaffung einer „autogerechten Stadt“ mit einer modernen „City“ anstelle eines veralteten Stadtkerns – ging an Regensburg weitgehend vorüber. Nach den Bombern der Alliierten verschonten auch die Abrissbirnen der Nachkriegsjahrzehnte größtenteils die Altstadt. Dabei hatten entsprechende Pläne z. T. bereits seit Jahrzehnten auf dem Tisch gelegen. Doch das Engagement von Fachleuten, Bürgern und nicht zuletzt Geldmangel verhinderten eine Stadtautobahn oder gar den Gesamtabriss zugunsten einer damals modernen Stadtplanung. So blieb Regensburg bis in die 1970er Jahre das, was es schon zur Zeit Eichendorffs gewesen war: eine „alte graue Stadt“ (Werner Bergengruen). Die romantische Aura einer längst vergangenen Zeit und der Charme des Unzeitgemäßen erschlossen sich nicht jedermann – Thomas Bernhard empfand Regensburg 1967 als eine „schreckliche Stadt“.

Doch dann kam es zum Triumph des Denkmalschutzes. 1973 wurde die Altstadt schließlich als schützenswertes Ensemble ausgewiesen. Konzepte eines Teilabrisses waren nunmehr verhindert. Die nun eingeleitete, staatlich geförderte Altstadt-Sanierung erwies sich als Segen. Das marode Alte wurde auf Hochglanz gebracht, eine moderne Nutzung hielt Einzug, und in den 1980ern schien es, als wäre die Stadt aus ihrem Dornröschenschlaf erwacht. Vom Grau der Jahrhunderte befreit, kam eine „Traumstadt“ zum Vorschein. Die steinalte Stadt, die im Donaunebel oft eine bleierne Schwermut verströmte, war heiter und bunt geworden. Bereits durch die Eröffnung der Universität (1967) war Regensburgs Gesicht zudem einer permanenten Verjüngungskur unterzogen worden. Auch dank des wirtschaftlichen Aufschwungs durch die zunehmende Ansiedlung von Elektro- und Automobilindustrie vor den Toren der Stadt konnte man sich nun eine hochattraktive Altstadt leisten. Verkehrsberuhigt, aber voller Vitalität, geschätzt und geliebt von ihren Bürgern, die es sich im Raum der Abwesenheit früherer Größe gemütlich eingerichtet hatten. Unter anderen Vorzeichen wird sie erneut Gegenentwurf zur modernen Großstadt: Trotz oder gerade wegen der grundlegenden Sanierungsmaßnahmen blieb Regensburg „behaglich und eigensinnig alt“, wie Cees Nooteboom es formulierte. Regensburg wirkte schon in den 1980ern wie neu geboren – vom Prestige alter und neuer Zeiten gleichermaßen weit entfernt, war die Stadt dazu befreit, nur noch sie selbst und „schön“ zu sein.

„Regensburg liegt gar schön …“

UNESCO-Welterbe seit 2006 – Beginn der „Über-Touristifizierung“?

Was Goethe und Eichendorff einst erblickten, ist seit 2006 UNESCO-Welterbe. Regensburg gehört zu jenen Städten, in denen man auf wenigen Metern durch 2000 Jahre europäischer Geschichte spazieren kann, ohne die alltägliche Lebenswelt der dort lebenden Menschen zu verlassen. Aber nicht nur das bauliche Ensemble der Altstadt Regensburgs ist „ein kleines Wunder“, wie es Wim Wenders ausgedrückt hat, sondern auch das Leben, das man darin findet. Eines der Lebensprinzipien, die diese Stadt so bezaubernd machen, besteht nach wie vor darin, dass ihre nahezu tausend Denkmäler „nicht gehütete, dem Tage entzogene Sehenswürdigkeiten“ sind, „sondern Bestandstücke des Lebens, heute wie vor Jahrhunderten“ (Werner Bergengruen).

Zu Beginn des 21. Jhs. zählt Regensburg zu den Städten mit der höchsten Lebensqualität in Deutschland und erlebt eine wirtschaftliche Blüte wie seit den goldenen Tagen im Mittelalter nicht mehr.

Die einstige mittelalterliche Metropole, lange zur bayerischen Provinzstadt herabgesunken, hat sich zu einem attraktiven Wirtschafts- und Wissenschaftsstandort mit knapp 170.000 Einwohnern gemausert – mit der Altstadt als Gegenpol. Mehr denn je lebt die „nördlichste Stadt Italiens" vom „Flair" ihrer Plätze und einem entschleunigten Lebensgefühl. Doch die Verleihung des Welterbe-Titels brachte eine neue Herausforderung: Die zunehmend touristische Nutzung des (1992 fertig gestellten) Rhein-Main-Donau-Kanals brachte bis 2020 jährlich Zehntausende Reisende aus Europa und Übersee (und jährlich einen Millionenbetrag) in die ohnehin prosperierende Stadt. Einmal mehr erweist sich die Donau als Goldader der Stadt. Andererseits zeigen sich auch Ansätze eines „Übertourismus" und einer „Gentrifizierung" – eine Altstadt mit Charme, Flair und Welterbe-Status ist ein teures Pflaster. Doch eine damit verbundene „Salzburgisierung", eine Verdrängung des alltäglichen Lebens der Einheimischen, trifft auf Regensburg bislang nicht zu. Vom Schicksal so manch bezaubernder historischer Stadt, zur Kulisse des Massentourismus zu werden, scheint die ostbayerische Metropole nicht bedroht. Man lebt noch immer „gelassen" in dieser Stadt. Die stets gefährdete Balance von Idylle und Moderne weiterhin zu erhalten, also weiterhin „eigensinnig alt" zu bleiben, ohne zu veralten, bleibt eine Jahrhundertaufgabe. Aber auch dieser neuen Rolle wird sich die alte Stadt fügen. Sie, die über die alle Zeitläufte scheinbar erhabene, wird auf die Ströme von Menschen herabblicken, als würde sie mit ihrem Gründer, Marc Aurel, dem Betrachter sagen wollen: „Die Welt ist ewiger Wechsel" (*Selbstbetrachtungen*, IV, 3).

* Zur besseren Lesbarkeit wird im Folgenden das generische Maskulinum verwendet. Aus demselben Grund wurden Zitate (wo nötig) der heutigen Orthografie angeglichen und geringfügige grammatische Anpassungen nicht gekennzeichnet.

PERIVOLI
wertvoll

Stadtamhof und Steinerne Brücke

Stadtamhof gehört seit 2006 mit der Regensburger Altstadt zum UNESCO-Welterbe. Der idyllisch an der Donau gelegene Stadtteil war bis zu seiner Eingemeindung 1924 selbstständig. Die im 10. Jh. erstmals urkundlich erwähnte „Vorstadt" bildete lange den Vorposten der bayerischen Fürsten auf dem der Freien Reichsstadt Regensburg gegenüberliegenden, nördlichen Ufer. Seit 1250 stand Stadtamhof unter der Herrschaft der Wittelsbacher. 1496 wurde der Ort am Fuß der Steinernen Brücke zur Stadt erhoben. Stadtamhof wurde mehrfach zerstört und wiederaufgebaut, u. a. im Dreißigjährigen Krieg und zuletzt 1809 im Zuge der Napoleonischen Kriege. Eine 1825 errichtete Toranlage schließt die Hauptstraße im Norden ab und eröffnet zugleich eine Blickachse auf die Steinerne Brücke und den Dom. 1945 wurde in der Mitte des Straßenzuges ein Außenlager des KZ Flossenbürg betrieben, woran heute ein Mahnmal in unmittelbarer Nähe der Brücke erinnert. Seine heutige Beliebtheit bei Einheimischen und Touristen verdankt Stadtamhof dem historischen Biergarten des jahrhundertealten Katharinenspitals sowie dem „Brückenbasar", einer Anlage mit Cafés und Restaurants am Platz des 1809 zerstörten Nordturmes der Brücke. Ein herrlicher Blick auf das Welterbe ist jeweils mit inbegriffen.

Stadtamhof und Altstadt vom Dreifaltigkeitsberg aus betrachtet

Die „dämmernde" Stadt – Georg Britting schaut auf Stadtamhof und das alte Regensburg herab

Einen weiten Blick über Regensburg hat man vom Dreifaltigkeitsberg aus, einer Anhöhe mit einer charakteristischen, dreitürmigen Kirche. Dieser Aussichtspunkt liegt jenseits des Europakanals, der seit 1978 die Regensburger Altstadt und Stadtamhof von den nördlichen Stadtteilen trennt. Von dort kann man das Auge über das Donautal und die „gar schön liegende" Stadt schweifen lassen. Das bei Einheimischen und Gästen gleichermaßen beliebte Panorama spiegelt sich in einem Text von Georg Britting (1891–1964) wider. Der Expressionist war gebürtiger Regensburger (eine Gedenktafel befindet sich an seinem Geburtshaus in der Alten Manggasse 3). In seiner Prosaskizze *Regensburg* – erschienen 1925 in der *Frankfurter Zeitung* – hat er in ausdrucksstarken Bildern den Eindruck einer in die Natur gegrabenen Stadt festgehalten, wie er heute kaum noch zu erahnen ist. Wo sich jetzt eine kleine Großstadt erstreckt und der Kanalbau tiefe Wunden geschlagen hat, gab es einst jenseits der Altstadt nur dorfähnliche Vororte, Felder, Wiesen und die Mündung des Regen-Flusses, nach dem die Stadt benannt ist. Gleichsam aus der Vogelperspektive streift Britting den Strom, die Steinerne Brücke, die alten Gassen sowie den Dom und nicht zuletzt – im doppelten Sinne „von oben herab" – auch das alte Stadtamhof. Metaphernreich beschwört er dabei Stadt, Land und Fluss als Manifestationen des Uralten, Naturmagischen. Natur und Zivilisation scheinen gleichermaßen entmenschlicht, während sich jenseits der steinernen Stadt das Friedliche und das Bedrohliche, das Vergängliche und das Ewige zu begegnen scheinen:

„Die Donau ist blau, blaugrün, blaugrün wie der Streifen Westhimmel am Abend nach Sonnenuntergang, manchmal grün wie helles Moos, im Spätherbst gelb, und gelb im Vorfrühling, wenn die Schneewasser kommen. Aber jetzt, im Juni, im Juli, flattert sie wie ein glänzendes, windbewegtes Band über die Ebene. Weit draußen, sehr weit draußen, im Westen der Stadt, wo Wälder eilig und schwarz hereinsteigen, steht der lichtflimmernde Riese, der die Schnur wirft, der das Band schwingt, das sich kraus um den Häuserblock legt, in einem frechen und schnellen Bogen ihn umschnörkelt und das geschlängelt und fern blitzend in den östlichen Wiesen und im graublauen Himmel verläuft und vergeht. Das Donauband, das blaue, verweht, aber die schwere Stadt bleibt stehen, auf der grünen Fläche aufgestellt, zu dauern. Und mit den zwei Fingern der Domtürme weist sie zum Himmel, unerschütterlich zum Himmel, zum niemals wankenden.
Die alte, steinerne Brücke führt über die Donau, nicht schnell und hitzig wie die neuen Eisenstege ..., sie geht schwer und bedächtig hinüber auf den steinernen Pfeilerschuhen, aber hinüber geht sie und kommt an, kommt gerade so gut an wie die hurtigen Springer von heute. Vom Ufer tut sie den ersten Schritt, dann brummen die Wellen um ihre Steinfliesenfüße, und dann ist sie drüben, in Stadtamhof, einem kleinen Städtchen, das wie eine Warze an dem großen Gesicht der größeren Stadt hängt.
Hinter Stadtamhof steigt ein Hügel auf, ein Berglein, das sich Dreifaltigkeitsberg nennt, und von dort ins Donautal zu schauen, wie schön! Da ist eine weite, große, flache Tellerebene, mit Wiesendreiecken und Felderquadraten, und auf dem Teller steht Regensburg, und die Donau blitzt, und der Fluss läuft weiter, nach Osten, und da schieben sich grüne, niedrige Berge an ihn heran, die wie brave, stumme, treue Tiere sind, wie große Hunde ohne Gebell sich lagern. Und darüber ein blauer Junihimmel, mit ein paar weißen, milchweißen, milchgelben, rahmgelben Wolken, die sich im Strom abmalen, aber das sieht man nicht von hier aus, vom Dreifaltigkeitsberg aus, das ahnt man nur. Und nun könnte man wie ein Adler, aber der Vergleich ist zu großartig, aber immerhin könnte man wie ein Falke, oder sagen wir wie ein Habicht im blauen Himmel mit gespreiteten Flügeln über der Stadt schweben, ohne die Flügel zu rühren, unbeweglich, und spähen. Tief unten, eingegraben, eingeschnitten, schwarz wie Maulwurfsgänge laufen die Straßen und Gassen. Nun tiefer hinab! Die Straßen wandeln sich zu springenden Fischen, silbrigen, aus dem Nassen geholt und aufs Trockene geworfen, und nun zucken und winden sie sich, und das Pflaster, die

In diesen Dachstuben am Königshof brütete Britting über der Kunstzeitschrift Die Sichel

vielen weißen, runden, kleinen Pflastersteine sind wie Schuppen, die glänzen und gleißen ... Noch tiefer hinab, Falkenflügel und Habichtschwinge! Da stehen die Häuser, viele graue und weiße und rosafarbene und grüne, und viele Türme, hohe und niedrige, eckige und runde, mit Zinnen und Ziegeldächern, und Kirchen, viele Kirchen, sehr viele Kirchen, kleine, kapellenähnliche, und große, schwere und eine ganz große, der Dom, der riesige Dom, in dessen Schatten Regensburg dämmert ...“

Brittings Impressionen der im „Schatten“ des hohen Doms vor sich hin „dämmernden“ Stadt kann heute jedermann vor den Toren Stadtamhofs nachlesen. Dort findet sich unmittelbar am Europakanal das „Walhalla-Bockerl“, eine nostalgisch anmutende Lokomotive, die bis Anfang der 1960er Jahre Reisende von Regensburg zur Walhalla brachte. Die Einhausung der kleinen Lok wurde, um den Vorplatz am Kanalufer etwas aufzuwerten, mit einem Glasgehäuse überbaut, an dessen Außenwänden in großen Lettern das Lob der Stadt von Dichtern und Chronisten zu lesen ist. Darunter befindet sich auch Brittings Panorama einer vom „blauen Donauband“ umfangenen Stadt.

Georg Britting (* 17. Februar 1891, Regensburg, † 27. April 1964, München) wuchs in der Engelburgergasse (Nr. 3) und auf dem Oberen Wöhrd (Lieblstraße 17) in unmittelbarer Nähe der Donau auf. Britting, künstlerisch geprägt von Expressionismus und Magischem Realismus, galt lange als der literarische „Genius loci“ der Stadt, die er 1920 verlassen hatte, um bis zu seinem Tod als freier Schriftsteller in München zu leben. Nach der Teilnahme am Ersten Weltkrieg gab er 1919–21 mit dem Maler Josef Achmann (1885–1958) in Regensburg und München die expressionistische Kunstzeitschrift *Die Sichel* heraus. In jungen Jahren der Sozialdemokratie nahestehend, schrieb er während des „Dritten Reiches“ für die (von den Nazis vorübergehend verbotene) national-konservative Zeitschrift *Das Innere Reich* (1934–1944). Einige seiner Texte fanden vor und nach 1945 Eingang in Schulbücher. Jedoch sind zahlreiche seiner Gedichte auch im NS-Blatt *Völkischer Beobachter* gedruckt worden. Nach dem Krieg als Repräsentant der „Inneren Emigration“ hochgeschätzt und vielfach ausgezeichnet, wurde Britting in jüngerer Zeit aufgrund seiner anfänglichen Zustimmung zur NS-Politik mitunter kritischer betrachtet. In seiner Sammlung von Gedichten und Erzählungen *Die kleine Welt am Strom* (1933) hat er Regensburg ein literarisches Denkmal gesetzt. Charakteristisch sind seine mitunter archaisch anmutenden Naturbilder, die vermeintliche Idyllen als brüchig erscheinen lassen.

Eduard Mörike betrachtet „die Schönheit des Ganzen“

Dort, wo heute Brittings Zeilen verewigt sind, hat sich 1850 Eduard Mörike (1804–1875) ein besonderes Vergnügen gegönnt: einen Besuch auf der „Dult“, einem bis heute beliebten Volksfest vor den Toren Stadtamhofs. Mörikes Dult-Besuch zählte möglicherweise zu den diversen „Biergelegenheiten“, welche er während seines Regensburg-Aufenthalts im Herbst desselben Jahres in seinem Kalender notierte. Aber die Dult war schon damals mehr als nur Bier. In den „Schaubuden“ der Stadtamhofer Dult erlebte er u. a. „ein großes Panorama“ der Völkerschlacht von Leipzig (1813), offenbar effektvoll animiert und ein nicht ganz freiwilliges Erlebnis für alle Sinne: „Beim Herausgehen rochen wir sämtlich nach Pulver und Schwefel.“

Auf dem Rückweg von Stadtamhof „über die belebte Brücke“ genoss er den vielleicht schönsten Blick auf Regensburg. Etwa in der Mitte der Brücke, auf ihrem Scheitelpunkt, eröffnet sich dort das Panorama der Welterbe-Stadt aus nächster Nähe. Auch Eduard Mörike hat unter den vielen Sehenswürdigkeiten Regensburgs, so wissen wir es aus seinen Briefen, „insonderheit“ diesen „Standpunkt mitten auf der ungeheuren Brücke zwischen Regensburg und der Stadt-am-Hof“ gepriesen.

Was Mörike dann über seine Eindrücke auf der Steinernen Brücke festhielt, gilt im Grunde bis heute:

„Das Treiben der Menschen, Fuhrleute, Reiter, Spazierenden und Gaffer aller Art auf dieser Brücke hört nie auf, ist aber, wenn man erst sein sicheres Plätzchen auf einem Sims der Mauer hat, nicht lästig und erhöht nur die Schönheit des Ganzen.“

Das Treiben im alten Donau-Hafen dagegen ist heute bis auf einige Ausflugsschiffe verschwunden. Mörike konnte noch einen eisernen Kran bestaunen. Solche modernen technischen Errungenschaften wurden um 1900 in die Außenbezirke verbannt. Neben dem Hafenbetrieb beobachtete der Dichter aber auch den Zustand der alten Donau, die offenbar schon damals nicht blau war (zumindest nicht bei Hochwasser), aber ihre legendären Strudel dafür umso schöner erscheinen ließ:

„Man sieht die Dampfschiffe kommen und landen, den eisernen Kranen am Ufer arbeiten, die Schiffer Getreide einnehmen, Kelheimer Steinplatten versenden; dann unter der Brücke einen Kreis von zwan-

zig Zimmerleuten einen riesenhaften Pflock durch eine Stoßmaschine in das Wasser treiben, sieht dort ein Mühlrad gehen und hier ein großes Fischernetz einsenken. Die Donau ist in diesen Tagen stark geschwollen, gelblicher Farbe, macht Wirbel von der schönsten Sorte."

Von seinem „sicheren Plätzchen" auf der Steinernen Brücke aus wachsen Mörikes Gedanken Flügel. Der Fluss wird für ihn zur imaginären Verbindung mit seiner Verlobten Margarethe. Seine Gedanken waren, so schreibt er, „stetig die Donau aufwärts" an seine entfernte Geliebte „gerichtet", die ohne ihn in die schwäbische Heimat zurückgekehrt war. Wehmütig, fast resignativ schreibt Mörike über seinen Heimweg von der Dult an seine Angebetete:

„Ich war ... in Gedanken an Dich gern nach der Stadt gegangen, den lieben Fluss zu sehn, der ... mit Dir in Berührung gewesen u. mir gewiss Vieles zu sagen hatte! Ach leider blieb mir in diesem Getreib kein so recht stiller Augenblick, diesen Stimmen zu lauschen."

Vielleicht hätte Mörike besser doch dem „lieben Fluss" und seinen Stimmen lauschen sollen. Oder wollte er nichts hören? Im Jahr darauf heiratete Mörike seine Margarethe – eine Verbindung, die unter keinem guten Stern stehen sollte, es war keine glückliche Ehe.

Eduard Mörike (* 8. September 1804, Ludwigsburg, † 4. Juni 1875, Stuttgart), Generationen als Schöpfer des berühmten Frühlingsgedichts *Er ist's* (*Frühling lässt sein blaues Band ...*) bekannt, galt lange als der Inbegriff eines Biedermeier-Dichters, als harmloser Idylliker und Epigone von Klassik und Romantik. Heute sieht man Leben und Werk des Dichters stattdessen von existenziellen und literarischen Brüchen und Spannungen gekennzeichnet – bis hin zu Gratwanderungen zwischen Todesahnungen und der Sehnsucht nach einem harmonischen Dasein. Der die meiste Zeit seines Lebens zurückgezogen lebende Autor von Novellen, Märchen sowie eines unvollendeten Künstlerromans (*Maler Nolten*) war im „Brotberuf" zunächst Pastor in Cleversulzbach, später Literaturlehrer am Stuttgarter Katharinenstift. Von September bis Dezember 1850 hielt sich Mörike auf dem fürstlichen Schloss Pürkelgut vor den Toren Regensburgs auf, wo sein Bruder als Verwalter tätig war. Dabei besuchte er eine Vorstellung des Regenburger Theaters von Mozarts Oper *Don Giovanni* – zwei Jahre bevor er mit der Arbeit an seinem berühmtesten Werk begann, der Novelle *Mozart auf der Reise nach Prag* (1855).

Welterbe mit Dom-Blick: die Hauptstraße von Stadtamhof

Achim von Arnim blickt in die Tiefe

Ähnlich gedankenverloren war rund ein halbes Jahrhundert vor Mörike ein junger romantischer Dichter gestanden: Achim von Arnim (1781–1831). Im November 1801 war der gerade 20 Jahre junge Berliner zusammen mit seinem Bruder auf „Kavalierstour", der standesgemäßen Bildungsreise junger Adliger. Sein Studium in Göttingen hatte er abgebrochen, sein erster Roman (*Hollin's Liebeleben*) war noch nicht erschienen. Seine ausgedehnten Reisen sollten ihn schließlich auch an den Rhein, in die Schweiz und bis nach Paris und England führen. Bei seinem Aufenthalt in Regensburg, vermutlich von Dezember 1801 bis Januar 1802, war er im Hause seines Großonkels, des preußischen Reichstagsgesandten Graf von Görtz (1737–1821), untergekommen (Gesandtenstraße 5).

Mindestens einmal war Arnim auf ähnlichen Pfaden unterwegs gewesen wie Mörike und von Stadtamhof über die Steinerne Brücke gewandelt. Auch den jungen Preußen brachte der Blick auf den Fluss auf melancholische Gedanken über den unsicheren Strom des Lebens.

Allerdings kam Arnim nicht wie der frühpensionierte Pastor Mörike von der Dult, sondern von der Dreifaltigkeitsbergkirche im nahen Steinweg. Und das hatte einen guten Grund: Arnim war auf der Fahrt über Sachsen nach Regensburg Opfer eines schweren Unfalls mit einer Kutsche geworden und war einen Tag lang „wegen einer Hirnerschütterung für tot gehalten worden“. Das Glück seiner „Wiederauferweckung“ hatte ihn wohl auf den Berg mit der Dreifaltigkeitskirche hinauf pilgern lassen, der wegen seines Kreuzweges auch Kalvarienberg genannt wird. Das Erlebnis des nahen Todes steckte ihm offenbar noch in den Knochen. Beim Blick von der Steinernen Brücke hinab in die Donaustrudel befiel ihn ein schier „allmächtiges Ziehen in die Tiefe“, wie er in einem mit Regensburg überschriebenen Fragment gesteht:

„Welch ein innerer Zug führt mich immer zurück zu den Strudeln der Donau? Welch innres wunderbares Ringen, nur im wirbelnden Wellenschaume sichtbar, und das allmächtige Ziehen in die Tiefe über das kühne Wehr, mein Blick hängt sich an eine Welle, aber immer schneller und schneller sinkt sie ... Da stehe ich gestern in solchen Gedanken in der Mitte der Brücke gegen das steinerne Geländer angelehnt, und sehe dem kommenden Strome zu, da klopft mich jemand auf die Schulter...“

Doch es war nicht der Tod, der da bei Arnim anklopfte, sondern ein Göttinger Studienfreund, der es zum Gesandten am Immerwährenden Reichstag gebracht hatte: Ferdinand Graf von Colloredo-Mannsfeld (1777–1848). Ihm offenbart Arnim sein Gelübde: Er wolle der von der Brücke aus weithin sichtbaren „Wallfahrtskirche mit ihren siebzehn Stationen“ einen Zyklus von Gedichten widmen. „Die Hälfte“ davon habe er „schon hier auf der Stelle angefertigt“. Überliefert ist von diesen Gedichten leider nichts. Möglicherweise sind sie im Strudel seiner Reiseerlebnisse untergegangen. Dennoch hat Arnim ein Stück Regensburg literarisch verewigt. Doch dazu an anderer Stelle mehr.

Ein beliebter Treffpunkt: der Stadtamhofer Brückenbasar

Achim von Arnim (* 26. Januar 1781, Berlin, † 21. Januar 1831, Wiepersdorf) gehört zu den bedeutendsten Vertretern der deutschen Romantik und zählt wie Joseph von Eichendorff und Clemens Brentano zur „Heidelberger Romantik". Sein Nachruhm ist eng verbunden mit der Sammlung *Des Knaben Wunderhorn*, einer epochalen Bearbeitung von „Volksliedern" vom Mittelalter bis ins 18. Jh., die er 1806/08 mit Brentano in Heidelberg herausgegeben hat (darunter auch das Regensburger *Dollinger-Lied*). Seine z. T. historischen Romane, Erzählungen und Novellen zeugen von der fantastischen und grotesken Fabulierkunst der Romantik. 1808 kehrte Arnim in seine Geburtsstadt Berlin zurück, 1811 heiratete er Clemens Brentanos Schwester Bettina. Wie so manche Dichter seiner Generation nahm Arnim als glühender Anhänger der Nationalbewegung an den Befreiungskriegen gegen Napoleon teil (1813). Danach zog er sich auf sein brandenburgisches Gut Wiepersdorf zurück, wo er bis zu seinem Tode lebte.

Steinerne Brücke und Oberer Wöhrd

Die Steinerne Brücke darf auf keiner Regensburg-Postkarte fehlen, doch gleicht es einem Wunder, dass sie noch steht. Der Legende nach ist sie Teufelswerk, im Mittelalter wurde sie zu den „Sieben Weltwundern" gezählt, heute gilt sie als Meisterwerk mittelalterlicher Baukunst: Die erste großdimensionierte, vollständig aus Stein erbaute Brücke Europas seit der Antike. Erbaut von 1135 bis 1146, erstreckte sie sich ursprünglich über 15 Pfeiler, 16 Rundbögen und 336 Meter Länge. Jahrhundertelang war sie der einzige befestigte Donauübergang zwischen Ulm und Wien und sicherte die bedeutende Handelsroute von Italien nach Prag. Von den im 13. Jh. errichteten drei Türmen steht nur noch der am Ufer der Regensburger Altstadt, ein Mittelturm musste 1784 nach schwerem Eisgang weichen, der Nordturm auf der Seite Stadtamhofs 1809 wurde Opfer der Napoleonischen Kriege. Glücklicherweise überlebte die Brücke die letzten Kriegsmonate (zwei Pfeiler wurden gesprengt) und seit dem Wirtschaftswunder auch die Auto- und Buslawinen, die noch bis 2008 über „die Steinerne" rollten. Die erste vollständige Sanierung wurde 2010–2018 durchgeführt.

„Kraft und Anmut": die Brücke und der „silberne" Strom …

Die Brücke und „der große Strom"

In unmittelbarer Nähe dieses mittelalterlichen „Weltwunders" ist Britting aufgewachsen. Auf der westlichen der beiden Donau-Inseln, dem Oberen Wöhrd (Lieblstraße 17), nur einen Steinwurf von der Auffahrt zur Brücke entfernt, verbrachte er seine Kinderjahre. Als Zwanzigjähriger hat Britting dann in literarisch höchst ambitionierten Feuilletons für die *Regensburger Neuesten Nachrichten* (1911) einige Sehenswürdigkeiten Regensburgs beschrieben. In diesen Regensburger Bilderbögen pries er die Steinerne Brücke überschwänglich: Sie biete „ein Bild von höchstem, architektonischem Reiz" und gehöre schlichtweg „zu dem schönsten und eigenartigsten, was Städte an schönen und malerischen Gebäulichkeiten zu bieten haben". Dabei gelang es dem jungen Dichter, das Geheimnis ihrer Wirkung zu erfassen: Das mittelalterliche Bauwerk sei eine „seltene Vereinigung von Kraft und Anmut".

Im Lauf der Jahrhunderte ist das einst so mächtige Bauwerk alt und verletzlich geworden, auch wenn man der Brücke vor einigen Jahren eine Verjüngungskur angedeihen ließ. Schon Britting ahnte, dass sie, die seit alters her den Naturgewalten trotzt, den Interessen ihres wahren Gefährders, des Menschen, schon bald im Weg stehen könnte:

„Mit wilder, ungebändigter Kraft wirft sich der Strom gegen die eisenbewehrten Pfeiler und bohrt sich, ein Winkelried, die spitzigen Lanzen der Brücke in den Leib. Und es nützt doch nichts. Aber der Trotzkopf in seinem jugendlichen Ungestüm lässt nicht ab; brausend und schäumend stürmen seine Wellenrosse gegen die festen Steinquadern, um*

immer doch kläglich zu zerschellen. Die Brücke ist dieses ungebärdige Toben der Wasser schon gewohnt, achtet gar nicht darauf. Sie weiß sich fest gegründet und lässt den Wildling sein tolles Spiel treiben. Ihr wird so leicht nichts geschehen, die mächtigen Steinbogen scheinen für die Ewigkeit gebaut. Voll gedrungener Kraft spannt sich ihr riesiger Leib über den Strom – ein Bild von höchstem, architektonischem Reiz. Alles an ihr ist schwer und wuchtig, und doch ist sie auch wieder leicht geschwungen, als wäre der Stein eine biegsame Weidengerte – eine seltene Vereinigung von Kraft und Anmut. Drum lächelt sie auch über das wilde Tun des Stromes. Sie weiß, der kann ihr nichts anhaben. Wenn nur nicht die Menschen, die vor nichts zurückschrecken, wenn es gilt, ihre Interessen zu verfolgen, ihr zu Leibe gehen werden … – Aber noch steht sie in stolzer Pracht. Die Sonne gleitet über die grauen Quader und trifft mit ihren glänzenden Strahlen das ‚Brückenmannl', das geblendet von der Lichtfülle schützend die Hand vor die Augen hält. Von der Stadt grüßt der Dom zur Brücke und der Rathausturm und im Osten leuchtet von sanft ansteigendem Hügel ein schimmernder Tempel: Die Walhalla …"

* Winkelried ist ein legendärer eidgenössischer Freiheitsheld († 1386).

Über das erwähnte „Bruckmandl", eine Steinfigur auf der Mitte der Brücke aus dem Jahr 1446, notierte Eichendorff am 13. Mai 1807 in sein Tagebuch: „Der Lehrjunge, der sie [d. h. die Steinerne Brücke] gebaut, sitzt in Stein gebildet darauf und schaut nach dem Dome." Damit spielt er auf eine Lokalsage an: Hintergrund ist die Legende von einer Wette zwischen dem Dom- und dem Brückenbaumeister, wer sein Werk zuerst vollendet haben werde (woraufhin sich der Brückenbaumeister, an den das Bruckmandl erinnere, mit dem Teufel einließ). In Wirklichkeit aber wurde der Dom ein Jahrhundert später erbaut. Die tatsächliche Bedeutung des Bruckmandls ist bis heute ungeklärt.

Die von Britting beschriebene Wucht hat die Donau heute um einiges eingebüßt. Doch geblieben ist der Blick von der Brücke auf die anderen Wahrzeichen der Stadt, den Dom und das Alte Rathaus. Er sucht seinesgleichen. Einen Ausblick auf die Walhalla bietet sie heute dagegen nicht mehr. Beide Bauwerke, die der Donaustrom verbindet, Steinerne Brücke und Walhalla, „scheinen für die Ewigkeit gebaut". Wer als Betrachter dem Lauf des Flusses von West nach Ost folgt, wird sich des Eindrucks eines Gesamtkunstwerks von Licht, Natur und Stein nicht erwehren können. Umweht wird dieses Panorama zu-

„Geblendet von der Lichtfülle“: das „Bruckmandl“

dem von einem Hauch von Naturmagie, den auch Brittings Gedicht *Der Strom* (1933) atmet – das Rauschen des Flusses unter den alten Brückenbögen, das Licht, das seine Wasser durchflutet, lassen die Begegnung mit der Donau hier zu einem elementaren Erlebnis werden:

Der Strom

Der große Strom kam breit hergeflossen
Wie ein großer, silberner Fisch. Wälder warn seine Flossen.
Mit dem hellen Schwanz hat er am Himmel angestoßen.

So schwamm er schnaubend in die Ebene hinein.
Licht wogte um ihn, dunstiger Schein.
Dann war er nur mehr er, nur mehr er, der silberne, nur mehr er allein.

Kleines „Welttheater“ an der Donau

Wie Britting wurde auch die Bestseller-Autorin Sandra Paretti (1935–1994) in Regensburg geboren und ist an der Donau aufgewachsen, auf der anderen Seite des Oberen Wöhrd in einem Gartengebäude eines ehemaligen Domherren-Palais (Badstraße 18). Dort erinnert heute eine

Gedenktafel an die erfolgreiche Schriftstellerin, die mit bürgerlichem Namen Irmgard Schneeberger hieß, unter ihrem Künstlernamen aber zu einer „Grande Dame" der Literatur wurde und in Paris, Rom und Zürich lebte. In ihrem *Regensburger Welttheater* (1989) beschreibt Paretti einen Zauber, der von dem jahrtausendealten Strom und den Mauern einer jahrhundertealten Stadt ausgeht. Der Obere Wöhrd, dieses kleine Idyll in den Armen der Donau, wird bei ihr zur Traumwelt. Parettis *Welttheater* kreiert magische Naturbilder, die gleich wiederkehrenden Chiffren des Unbewussten immer wieder auftauchen.

Auch das Märchenhafte der alten Stadt am Strom, die mehr als hundert Jahre lang vor sich hin gedämmert hatte, spiegelt sich in Parettis Zeilen wider. In den Erzählbänden *Mein Regensburger Welttheater* (1989) bzw. *Im Nixenkahn der Donau* (postum 1996) hat sie in einer Art „sentimental journey" ihre Impressionen aus der Heimat festgehalten.

Wo Britting im „großen Strom" ein großes, aber vergebliches Aufbäumen gegen eine uralte Zivilisation spürt, sieht Paretti eine flüchtige Vereinigung von Stadt und Natur, des „Ruhenden" und des „Fließenden":

„Diese schöne Stadt hat zwei Gesichter, eines aus Stein, das andre aus Wasser. Nur von der Donau aus betrachtet verschmelzen beide zu einem Ganzen. Im Spiegelbild werden sie eins. Das Ruhende und das Fließende umarmen sich für einen flüchtigen Moment, lösen sich für einen flüchtigen Moment, lösen sich, finden sich wieder, und wenn du eine Weile in die Wellen schaust, wirst du nicht mehr wissen, was oben und was unten ist, und du wirst das Gefühl haben, unser Kahn gleite über den Himmel und Regensburg sei eine Nixenstadt am Grund der Donau."

„Blau ist sie nicht", lässt Sandra Paretti einen Reisenden über die Donau in Regensburg sagen und die Erzählerin, seine Ciceronin, gibt ihm amüsiert zur Antwort: „Das hat noch kein Regensburger von der Donau behauptet, das waren die Wiener." In Parettis Augen ist die Donau hier viel mehr als nur „blau" – „an einem schönen Sommermorgen" entfaltet sie ihre ganze Magie, ihre wundersamen Metamorphosen beginnen:

„Im Moment hat die Donau die Farbe flüssigen Silbers. Da und dort huschen bunte Reflexe über die Wellen. Im Laufe des Tages wird die

Farbe wechseln. Mittags wird sie bleigrau sein, nachmittags kann es passieren, dass sie plötzlich schmutzig grün wird und schlammig, wie zur Zeit der Schneeschmelze. In der Dämmerung, wenn sich die Luft blau färbt, wird sie sich in glitzernder Abendrobe zeigen, geschmückt mit Edelsteinen und Perlen, das silberne Nixenhaar kunstvoll geflochten …"

In Parettis Erinnerungen an das untergegangene Reich ihrer Kindheit hat die Donau-Insel etwas von einem verwunschenen Paradies. Die Donau wird bei Paretti buchstäblich zum „Schau-Platz", nicht der Geschichte, sondern der Seele: Den Fluss durchschimmert nicht nur die glitzernde Unterwelt der Nixen – die ebenso bezaubernden wie gefährlichen Wassergeister mögen an die frühen Dämonen in Kindheit und Jugend, in Traum und Liebe erinnern – sondern auch die Hoffnung auf Erlösung, das Spiegelbild des Himmels, in den die im Sonnenlicht funkelnden Domspitzen emporzustreben scheinen:

„Später, kurz bevor die Sonne untergeht, solltest du deine Aufmerksamkeit den Domtürmen schenken. Was dort im letzten Licht des Tages funkelt und schimmert, ist nicht mehr und nicht weniger als die unterste Sprosse jener goldenen Leiter, die ins Paradies führt."

Sandra Paretti (* 15. Februar 1935, Regensburg, † 13. März 1994, Zürich) zog es 1953 nach dem Abitur in Regensburg zum Musik- und Germanistik-Studium nach München, Paris und Rom. Nach ihrer Dissertation über das moderne Kunstmärchen arbeitete sie zunächst als Journalistin, ehe sie nach ihrem erfolgreichen Romandebüt *Rose und Schwert* (1967) als freie Schriftstellerin in Zürich lebte. Mit ihren historischen, teils milieukritischen, teils klischeehaften Gesellschaftsromanen erreichte sie ein Millionen-Publikum (u. a. *Das Zauberschiff*, 1977). Parettis Erfolgsgeheimnis war es, Frauenschicksale und Themen wie Liebe und Leidenschaft in Fantasiewelten à la Dumas zu hüllen. Mit einer Gesamtauflage von 30 Millionen Büchern (übersetzt in 25 Sprachen) zählt sie zu den meistgelesenen deutschsprachigen Erzählerinnen, was ihr das Etikett „weiblicher Konsalik" einbrachte. 1980 veröffentlichte sie ein autobiografisches Buch über ihr schwieriges Verhältnis zu ihrer Mutter (*Das Echo deiner Stimme*). Paretti schrieb auch Drehbücher, u. a. für die ZDF-Serie *Das Traumschiff*. 1994 nahm sich die an Krebs erkrankte Autorin das Leben, nachdem sie sich mit einer Aufsehen erregenden Todesanzeige ganz im Stil ihrer Romane verabschiedet hatte: „Das große Fest des Lebens verlasse ich mitten im Walzer."

Nachklang rauschender Feste – eine verträumte Villa auf dem Oberen Wöhrd

Bewegt man sich von dem verhältnismäßig bescheidenen Barock-Palais, in dem Sandra Paretti aufgewachsen ist, zur Lieblstraße, in der eine Zeit lang Georg Britting gelebt hat – und begibt sich also von der altstadtnahen Südseite der Insel zu der Stadtamhof zugewandten Nordseite –, stößt man in unmittelbarer Ufernähe auf ein langgezogenes prächtiges Gebäude, das man dort so nicht erwartet hätte: ein Palais im klassizistischen Stil, die „Villa Lauser".

Das Anwesen mit der heutigen Adresse Lieblstraße 2 (die Villa ist wie die Straße nach den einstigen Besitzern des Gebäudes benannt) wurde um 1795 von dem nachmaligen fürstlichen Baudirektor Joseph Sorg erbaut. Auftraggeber war der (geadelte) Bankier Georg Friedrich von Dittmer. Die Villa – gedacht als Gartenpalais – sollte auch dazu dienen, um dort vor den Toren der Stadt und mitten in der Natur rauschende Feste feiern zu können. Das stets hochwassergefährdete Palais beherbergt im Hauptgeschoss, der „Beletage", wohin eine prachtvolle Treppe führt, eine Reihe von Salons, Ballsaal und Speisesaal inklusive.

Die Umgebung der Villa am Flussufer ließ Dittmer in einen Englischen Landschaftsgarten umgestalten. Von der Villa aus bieten sich malerische Ausblicke auf die beschaulichen Ufer des Oberen Wöhrd und von Stadtamhof. Bei den einst legendären Gartenfesten konnten die Gäste nach venezianischem Vorbild in Gondeln durch einen Wassergraben auf den stillen Nordarm der Donau hinausgleiten. Im Garten der Villa stand ein pagodenartiger Pavillon in Form eines Oktogons, außen mit einer Kuppel geschmückt; der Innenraum war mit Chinoiserien ausgestaltet und bot Platz für eine kleine Tee-Gesellschaft.

Von den einstigen Gartenfesten zeugt heute nur noch ein marodes Relikt. Das einst so prestigeträchtige Palais hat sich dagegen erhalten, ein Schmuckkästchen abseits der touristischen Pfade. Der umgebende Garten ist längst romantisch verwildert und mehr denn je zum Landschaftsgarten am Ufer der Donau geworden. Die meist im Schatten liegende Nordseite der Villa atmet den morbiden Charme untergegangenen feudalen Großbürgertums. Auch die Musik der Ballnächte ist schon lange verklungen. Ein Gedicht von Hans Dieter Schäfer fängt diese Reminiszenzen an die letzten Tage der Regensburger Reichstagsherrlichkeit ein und beschwört zugleich die Bedrohung alter, von Kunst und Natur geschaffener Idyllen durch die technische Moderne (während der östliche Teil der Insel ein kleines Paradies geblieben ist, wird sie im Westen von einem Wasserkraftwerk begrenzt):

Oberer Wöhrd

Endlich sind alle Fenster des Teepavillons verglast,
lange hüllten ihn Abdeckfolien ein, so dass
Feuchtigkeit
zweihundert Jahre alte Malereien mit
Chinesinnen unter Sonnenschirm und Hunden
vor einer
Pagode von den Wänden löste; man sieht
Mulden für die Kanäle, laubverfüllt – hier
fuhren in
Sommernächten Gondeln zur Donau unter
einem Feuerwerk fallender Sterne, das die
Fassade der Villa
weiß aufglänzen ließ; am Ufer wie
eine Statue aus dieser Zeit ein Reiher – nach
unbeholfenem
Waten öffnet er die Flügel, um
am Saum der Pappeln Richtung Staustufe zu gleiten.

Hans Dieter Schäfer, am 7. September 1939 in Berlin geboren, lebt als Wissenschaftler und Schriftsteller seit 1985 in Stadtamhof mit Blick über die Donau auf Steinerne Brücke, Dom und Rathausturm. Aufsehen erregte sein 1981 veröffentlichtes Buch *Das gespaltene Bewusstsein* (*Über deutsche Kultur und Lebenswirklichkeit 1933–1945*), das 2009 in einer erweiterten Ausgabe erschienen ist. Neben anderen Arbeiten zur Literatur- und Kulturgeschichte wie über *Die Moderne von Klopstock bis Benn* (2011) oder *Die letzten Jahre von Joseph Haydn* (2018) veröffentlichte er Gedichtbände und autobiografische Prosa, zuletzt *Von Abschied zu Abschied* (2019). Schäfer ist Mitglied der Mainzer Akademie der Wissenschaften und der Literatur.

Ein letzter Prestigebau der Reichstagsära: Frontseite der Villa Lauser

Ein Relikt „venezianischer" Feste: Pavillon im romantisch-verwilderten Garten der Villa Lauser

HISTORISCHE
Wurstküche

Historische *Wurstkuchl* und Gasthof *Zum Weißen Lamm*

Die Historische Wurstküche, im Volksmund schlicht „Wurstkuchl“ genannt, dürfte eine der populärsten Sehenswürdigkeiten Regensburgs sein. Reisenden aus Übersee wird sie gerne als „probably the first fast food restaurant of the world“ präsentiert. Immerhin geht diese „Institution“ auf die Zeit des Baus der Steinernen Brücke zurück, wo sie zunächst als Bauhütte diente. Nach der Fertigstellung der Brücke (1146) wurde sie in eine Garküche umgewandelt. Hafenarbeiter sollen dort dann ihre Mahlzeiten erhalten haben. Das heute (anstelle der ursprünglichen Hütte) zu sehende Gebäude stammt aus dem 17. Jh. und ist an ein Relikt der Stadtmauer aus dem 14. Jh. angebaut. Bereits mehrfach wurde die „Wurstkuchl“ vom Donauhochwasser überflutet. Regensburger Bratwürste werden hier allerdings wohl erst seit dem 19. Jh. serviert. Diese sind nicht mit den „Original Regensburger“ Würsten zu verwechseln, womit „Knacker“ gemeint sind.

Der Gasthof *Zum Weißen Lamm*, benannt nach seinem Wahrzeichen, der mittelalterlichen Skulptur eines Osterlammes, war um 1800 eines der besten Häuser am Platz, in dem Adlige und Kaufleute abstiegen (die Lage unmittelbar an Brücke und Schiffsanlegestelle war dazu prädestiniert, zudem verfügte das Hotel über eigene Pferde-Stallungen). 1667 erstmals erwähnt, wurde das spätgotische Gebäude im 18. Jh. klassizistisch neugestaltet. Einen Platz in den Fußnoten der Literaturgeschichte erwarb sich das *Weiße Lamm* 1786: Vom 4. auf den 5. September diente es keinem geringeren als dem „Dichterfürsten“ Goethe als Nachtquartier auf dem Weg von Weimar nach Italien. Im *Regensburger Diarium* war einige Tage später zu lesen, im *Weißen Lamm* habe ein gewisser „Herr Möller“ aus Leipzig logiert: So lautete Goethes Pseudonym während der gesamten Dauer seiner Italienreise. Weitere namhafte Gäste des Hauses waren 1790 Wolfgang Amadeus Mozart und 1794 Joseph Haydn. Die deutschen bzw. österreichischen Kaiser Joseph II. (1781) und Franz II. (1792) haben ebenfalls dort übernachtet.

Ein Regensburger Original mit Aussicht

Auch die Historische Wurstküche dürfte zu jenen „Biergelegenheiten“ gehört haben, die Eduard Mörike in Regensburg aufgesucht hat. Nach seinen Streifzügen durch „verschiedne wundersame Gässchen“ ließ er sich gerne auf einer Bank neben der „Garküche unfern der großen Brücke“ nieder. Noch in seinem Märchen *Das Stuttgarter Hutzelmännlein* (1853) ist der Geruch von geräucherten Würsten mit dem Gedanken an Regensburg verbunden. Näher beschrieben hat er die „Wurstkuchl“ jedoch nicht. Auch Goethe, dem in seinem Quartier im gegenüberliegenden *Weißen Lamm* ihr Dampf in die Nase gestiegen sein dürfte, hat sie mit keinem Wort gewürdigt.

Kurz vorgestellt hat sie erst ein viel später reisender Schriftsteller, Werner Bergengruen (1892–1964), Mitte des letzten Jahrhunderts einer der beliebtesten deutschen Autoren. In seinem Buch *Deutsche Reise* (1934), das auf seinen Eindrücken während einer im Sommer 1933 unternommenen Radwanderung durch ganz Deutschland beruht, hat er sie als das Regensburger Original schlechthin präsentiert. Das Buch war wohl bewusst im Lauf des Jahres 1933 entstanden, um angesichts des beginnenden „Tausendjährigen Reiches“ die Erinnerung an das „gute, alte“ Deutschland des Heiligen Römischen Reiches zu bewahren, das der Nationalsozialismus binnen zwölf Jahren für immer zerstören sollte. Ob Bergengruen geahnt hat, dass es dieses romantische Deutschland der alten Reichsstädte und Provinzen, das er beschrieb, so schon bald nicht mehr geben sollte?

Der Band erlebte 1959 und 2004 – mit dem Untertitel *Mit dem Fahrrad durch Kultur und Geschichte* – eine Neuauflage. Mit seiner knappen, aber wohlwollenden Beschreibung der „Wurstkuchl“ hat Bergengruen den Fahrradtouristen seiner und unserer Zeit über Würstel und Bier hinaus einen wertvollen Hinweis gegeben: Wenn man sich nur richtig platziert (d. h. möglichst nahe am Fluss) hat man hier einen beeindruckenden Blick auf die Steinerne Brücke in ihrer gesamten Länge und Schönheit:

„Eigenständiger, ortsgeistverkörpernder ist von allen lieben Regensburger Gaststätten keine als die winzige Wurstküche, die neben der Donaubrücke an ein Stück mittelalterlicher Stadtmauer gebaut ist. Hier muss man zur Frühstücks- oder Vesperstunde auf hölzernen Bänken im Freien sitzen, dunkles Bier trinken, frischgebratene Würste es-

sen, den Blick auf die Brücke gerichtet, die im Mittelalter das achte Weltwunder genannt wurde.“

Diesen von Bergengruen empfohlenen Ausblick kann nur genießen, wer über den Tellerrand hinausschaut. Was auf dem Teller liegt, hat der Regensburger Schriftsteller Benno Hurt einmal genüsslich beschrieben. In seinem 1993 erschienen Roman *Der Wald der Deutschen* steigt dem Protagonisten, einem „Ex-68er“ in der Sinnkrise zwischen Protest und Establishment, in einer fiktiven Provinzstadt der „reale Geruch von über Holzkohle gegrillten Schweinswürsten“ in die Nase, und zwar so, wie man es aus Regensburg kennt. Es ist der Geruch von Provinz und Tradition, aber auch ein Hauch von „Heimat“:

„Auf weißen Tellern krümmten sie sich auf Kraut, dunkelnarbig an den Stellen, an denen sie auf den glühenden Roststäben gelegen hatten. Wie kompakte Schiffchen mit spitzem Bug lagen griffbereit die Kipferl, die traditionsgemäß mit dem süßen Senf dazu gegessen wurden; seinen Durst stillte man mit fürstlichem Bier. Das alles hatte er nicht vergessen, nur aus den Augen verloren, aus seinem Sinn.“

Das malerische Szenario zwischen *Wurstkuchl* und Steinerner Brücke inspirierte auch den englischen Schriftsteller Simon Winder (*1963) zu einem sehr erfolgreichen Werk: Seine Geschichte der Deutschen *Germany oh Germany* (2010) beginnt genau dort. 2021 kam dieser „historisch so wunderbare Ort“ (Winder) auch zu filmischen Ehren. In der Verfilmung von Thomas Manns Roman *Bekenntnisse des Hochstaplers Felix Krull* (1922) hatte Regisseur Detlev Buck (*1962) exakt diesen Abschnitt als Ort für nächtliche Dreharbeiten ausgewählt. Das dortige Donau-Ufer diente – man glaubt es kaum – als „Double“ für das Ufer der Pariser Seine bei Nacht.

Werner Bergengruen (* 16. September 1892, Riga, † 4. September 1964, Baden-Baden), Lyriker und Erzähler, stammte aus dem Baltikum. Seit den zwanziger Jahren lebte er als Schriftsteller in München und Berlin, nach dem Krieg in der Schweiz, Rom und Baden-Baden. Bergengruen war ein Protagonist der christlich-humanistischen Belletristik, einer Strömung, die aus religiöser Perspektive Kritik an der Moderne übte. Sein bekanntestes Werk, *Der Großtyrann und das Gericht* (1935), gilt als Parabel auf den totalitären Staat. Bergengruen konvertierte 1936 zum Katholizismus, 1937 wurde er aus der NS-Reichsschrifttumskammer ausgeschlossen. Bergengruen unterstützte aktiv die Widerstandsgruppe Weiße Rose. Regensburg fand er zauberhaft: „Von Regensburg erzählen zu wollen" wäre, „als wollte man versuchen, einen tausendjährigen Wald zu schildern". Regensburg sei eine Stadt, „heimlich durchfunkelt vom Reichsglanz zweier Jahrtausende". Für den Deutsch-Balten war „es ein freundlicher Gedanke", dass eine seiner „Urmütter gerade von Regensburg nach Riga gekommen ist".

Benno Hurt (* 11. April 1941, Regensburg) gilt als einer der literarischen Chronisten der deutschen Alltagsgeschichte von den 1950er Jahren bis in die Gegenwart. Vor allem in seiner hochgelobten Trilogie von Zeitromanen wie *Eine deutsche Meisterschaft* (1991), *Der Wald der Deutschen* (1993) und *Ein deutscher Mittelläufer* (1996), die von 2006 bis 2009 im Deutschen Taschenbuch Verlag in Neuausgabe erschienen ist, fokussiert er die Lebenslügen der „68er-Generation" in der bundesrepublikanischen Wohlstandsgesellschaft. Hurt lebt als pensionierter Richter in der Nähe seiner Heimatstadt Regensburg.

Goethe alias „Herr Möller" in Regensburg

Als Goethe unter dem Namen „Herr Möller aus Leipzig" am 4. September 1786 im *Weißen Lamm* abstieg, war er als Autor des *Götz von Berlichingen* (1773) und vor allem der *Leiden des jungen Werthers* (1774) bereits eine Berühmtheit und zudem – 37-jährig – Staatsrat und Minister in Weimar. Erste Fassungen des *Faust* und der *Iphigenie* hatte er schon in der Tasche. Seine Reise nach Italien, die später als Beginn der deutschen Klassik apostrophiert wurde, war zunächst auch eine Flucht aus den engen Weimarer Verhältnissen, erschloss dem einstigen Stürmer und Dränger aber schließlich die südlichen Horizonte der Renaissance und der Antike.

In Regensburg stieß er zunächst auf deutsches, wenngleich etwas italienisch beeinflusstes Hochmittelalter, was ihn nicht sonderlich beeindruckte. Goethes Kurzbesuch in der Stadt überschritt kaum die Dauer von 24 Stunden, die er vom *Weißen Lamm* aus zu einigen Stippvisiten nutzte. Anders als in Straßburg, wo er das Münster und dessen Fassade in emphatischen Tönen gepriesen hatte, verlor er keine Zeile über den Regensburger Dom. Immerhin notierte er die Vielzahl der Kirchen: „In der Stadt steht Kirche gegen Kirche und Stift gegen Stift." Sein Hauptaugenmerk widmete er dem später durch napoleonische Truppen zerstörten, ehemaligen Jesuitenkolleg St. Paul, das damals als bischöfliches Seminar fungierte. Dort wohnte Goethe am 4. September der Aufführung einer *Jahres-Endscomödie* bei, also einem von den Zöglingen des Seminars aufgeführten, zweiteiligen Trauer- und Singspiel, das er einigermaßen wohlwollend betrachtete: „Sie machten es nicht schlimmer als eine angehende Liebhabertruppe ... es ist eine Freude an der Sache dabei". Vor allem die Pracht der Ausstattung des katholischen Schulspiels beeindruckte ihn und er freute sich, „den Katholizismus ... in seinem ganzen Umfange" kennenzulernen.

Weitere Abstecher galten der *Montagischen Buchhandlung* im Erdgeschoss des Alten Rathauses, wo er von einem ehemaligen Weimaraner Buchhändler prompt erkannt wurde, und dem Naturalienkabinett des Dekans Jacob Christian Schäffer in einer Seitengasse des Neupfarrplatzes. Das *Museum Schaefferianum* des Superintendenten von Regensburg befand sich in dessen Wohn- und Pfarrhaus, dem ersten evangelischen Pfarrhaus der Stadt, in der heute danach benannten Pfarrergasse 5, und war für zwei Jahrzehnte, zwischen 1770 und 1790, eine der Hauptsehenswürdigkeiten Regensburgs.

Jacob Christian Schäffer (1718–1790), in Querfurt geboren, war nicht nur höchster protestantischer Geistlicher der Stadt, sondern auch Botaniker und Biologe – Interessen, die Goethe leidenschaftlich teilte. Schäffer befasste sich im Geiste der Aufklärung mit den Naturwissenschaften und trug damit (wie die Klöster St. Emmeram und St. Jakob) zum Ruf Regensburgs als süddeutsches Zentrum naturwissenschaftlicher Forschung bei. Heute ziert eine Gedenktafel dieses auf den ersten Blick unscheinbare Gebäude und erinnert an den damals prominenten Bewohner und seinen noch prominenteren, aber „incognito“ auftretenden Besucher.

Am 5. September gegen Mittag verließ Goethe das *Weiße Lamm* und Regensburg in Richtung Süden. Seinem Drang nach Italien verlieh er mit den Worten Ausdruck, er habe hier zwar „gute Birnen ... gespeist“ (die er einem „alten Weibe am Fluss“ abgekauft hatte), nun aber sehne er sich „nach Trauben und Feigen“. Als Goethe schließlich (auf dem Markt in Bozen) zum ersten Mal von den Früchten des Südens kostete, erinnerte er sich an französische Verse, die er „in Regensburg am Fenster des Wirtshauses geschrieben sah“:

Comme les pêches et les melons
Sont pour la bouche d'un Baron,
Ainsi les verges et les bâtons
Sont pour les fous, dit Salomon.

So wie die Pfirsiche und Melonen
Sind für den Schnabel der Baronen,
Sind Geißel und Stock der Narren Los,
Wie's steht in den Sprüchen Salomos.

Für Goethe ein „Muss“: das einstige „Museum Schaefferianum“

Porta Praetoria

Anfang einer Stadt: Die Porta Praetoria war das der Donau zugewandte nördliche Tor des 179 n. Chr. unter Kaiser Marcus Aurelius (121–180) fertiggestellten Römerlagers Castra Regina und stellt heute dessen spektakulärsten Rest dar. Die erhaltenen Teile der Portalanlage, der östliche Flankenturm und ein Torbogen schmiegen sich an den Gebäudekomplex des später entstandenen Bischofshofes an, wo das Tor 1885 bei Bauarbeiten wiederentdeckt wurde. Die Porta Praetoria ist neben der (ungleich größeren) Porta Nigra in Trier der einzige erhaltene römische Hochbau in Deutschland. Der heute ca. elf Meter hohe Turm, wie das Lager aus tonnenschweren Kalksteinen des Donauraums erbaut, dürfte ursprünglich etwa doppelt so hoch gewesen sein. Weitere Überbleibsel des Lagers sind die nicht weit davon entfernte Nordostecke, wieder ausgegrabene Teile der östlichen Begrenzung unter dem Parkhaus am heutigen Dachauplatz und schließlich die Südostecke, die mit mittelalterlichen Mauerresten zu einem zeitenübergreifenden Ensemble verschmilzt.

179 n. Chr.: Wo alles begann – der „Philosophenkaiser" gründet Regensburg

Man nannte ihn den „Philosophenkaiser" – der Name des Kaisers Marc Aurel nimmt sowohl in der politischen als auch in der literarischen Geschichte Roms einen bedeutenden Platz ein. Dass er als der Gründer Regensburgs gilt, ist da nur eine Fußnote. Trotz der Tatsache, dass auf dem heutigen Stadtgebiet jungsteinzeitliche und keltische Vorgängersiedlungen sowie ein bereits 80 n. Chr. errichtetes kleineres römisches Kastell nachweisbar sind, darf der römische Kaiser Marc Aurel mit Fug und Recht als der eigentliche Gründervater Regensburgs angesehen werden. Das auf seinen Befehl errichtete Lager Castra Regina zeichnet sich noch heute im Grundriss der Altstadt ab. Vollendet wurde das Kastell 179 n. Chr. als Standort der Legio III Italica an der Nordgrenze der Provinz Raetien. Der Bau erfolgte an exponierter Stelle, dem nördlichsten Punkt der Donau, und sollte dabei helfen, das Römische Reich gegen die Einfälle der Markomannen zu verteidigen. Damit konnte es (jedenfalls aus der Perspektive der Römer) als äußerster Vorposten urbaner Zivilisation und Kultur gelten – zu einer Zeit, in der, wie Werner Bergengruen augenzwinkernd andeutet, von der bekanntesten deutschen Metropole der Moderne noch für Jahrhunderte keine Spur zu sehen war:

„Lange bevor ein freundliches Wanderglück mich zum ersten Mal in die nördlichste der Donaustädte verschlug, begegnete ich einem soeben aus Regensburg gekommenen Berliner Kunstgelehrten. Meine Frage beantwortete er mit den unvergesslichen Worten: ‚Dom, Kreuzgang, Schottenportal, – natürlich hochinteressant. Sonst? Gott, eben Provinz.' Der gleiche Gesprächspartner liebte es, den Wannsee auf Kosten des Gardasees zu preisen … Nun, der unglückliche Kaiser Marc Aurel, der ein Philosoph war und in Wien gestorben ist, hat weder von Berlin noch vom Wannsee etwas gewusst. Regensburg aber ist ihm sehr vertraut gewesen … Ich habe, seit ich jene berlinische Auskunft erhielt, manchen Tag an die Unerschöpflichkeit dieser Stadt gesetzt; ich wollte, ich könnte ein Jahr an sie setzen, ein Jahrzehnt oder ein Leben."

Regensburg, begründet an der ehemaligen Nordgrenze des Römischen Reiches, war über Jahrhunderte Schnittpunkt und Grenze zwischen römischer und germanischer Sphäre. Das herausragende

Zeugnis der römischen Anfänge der Stadt ist die Porta Praetoria. Sie wurde auch „Wassertor“ (Porta Acquatica) genannt und war das Nordtor der römischen Festung und damit buchstäblich das Grenztor an einem strategisch exponierten Punkt, nahe dem Zusammenfluss von Regen und Donau. Im 5. Jh. konnte Rom diese stets mehr oder weniger durchlässige und umkämpfte Grenze nicht mehr aufrechterhalten. Germanische Völkergruppen übernahmen die Vorherrschaft, aus denen schließlich die Bajuwaren hervorgingen.

Auf die von Anfang an prekäre Grenzlage des Römer-Kastells spielen nahezu alle schreibenden Besucher Regensburgs an, so auch Ricarda Huch (1864–1947), die in den 1920er Jahren viele deutsche Städte bereist und in ihrem Werk *Im alten Reich – Lebensbilder deutscher Städte* (1927) porträtiert hatte (Neuauflage 2020). Ihre Städtebilder, in welchen sie insbesondere auf deren jahrhunderte- oder auch jahrtausendealte Geschichte einging, zeugen – wie die späteren Bergengruens – von der Sehnsucht des Lesepublikums nach „ewig-gültigen“ Prinzipien in einer Zeit gewaltiger Umbrüche. Im alten Regensburg sieht Huch ein Sinnbild für den Lauf der Geschichte, für den Wechsel, aber auch für die Kontinuität der Kulturen – die Stein gewordene Vergangenheit der Stadt sei in ihren Metamorphosen weiter lebendig:

„Da, wo die Donau den nördlichsten Punkt ihres Laufes erreicht hat und sich zwischen Hügeln und Fluren nach Südosten wendet, gründete Kaiser Mark Aurel eine starke Festung, die nach dem Flusse Regen, der sich hier in die Donau ergießt, den Namen Castra Regina erhielt. Diese Anlage, die für die Ewigkeit erbaut schien, versank, nachdem sie durch bajuwarische Germanen zerstört war, unter dem Schutt der Jahrhunderte; aber wie alles Sterben Verwandlung ist, so lebte auch dies Gebilde unterirdisch weiter, strömte sein eigentümliches Wesen aus seinen Quadern in die neuen Mauern, die sie zu tragen bestimmt wurden, aus den Tempeln seiner Götter in die des Alleinen, die darüber erstanden.“

Heute ist die Porta Praetoria nur noch Relikt eines untergegangenen Weltreiches. In Ricarda Huchs Augen ist es aber auch ein Symbol für ein neues Reich, das über den Mauern des alten errichtet wurde. Das Tor „starrt“, wie Huch schreibt „mit schwarzen Quadern gigantisch aus der verputzten Wand“ des bischöflichen Hofes „hervor“ – ein Zeichen dafür, dass der Aufgang des „christlichen Abendlandes“ mit dem Untergang der römischen Götter einherging.

Ricarda Huch (* 18. Juli 1864, Braunschweig, † 17. November 1947, Kronberg-Schönberg im Taunus) wuchs in einer wohlhabenden Kaufmannsfamilie in Braunschweig auf und lebte später u. a. in Triest, München und Jena. In einer Zeit, als ein Studium für Frauen in Deutschland noch nicht möglich war, erwarb sie als eine der ersten Frauen überhaupt einen Doktortitel im Fach Geschichte in Zürich. Ihr ausgeprägtes historisches Interesse ist auch an ihrer literarischen Auseinandersetzung mit dem Mittelalter, der Reformation, dem Dreißigjährigen Krieg oder der Romantik abzulesen. Literarisch stand sie dem Jugendstil und der Neuromantik nahe. Huch nahm an den Reformbewegungen der Weimarer Republik teil: Sie hatte Kontakt zur frühen Frauenbewegung und vertrat ein individualistisches Christentum. 1926 wurde sie als erste Frau in die Preußische Dichter-Akademie aufgenommen, aus der sie 1933 aus Protest gegen die NS-Kulturpolitik austrat. Während des Krieges hatte sie Kontakt zum Widerstand gegen Hitler. 1947 starb Ricarda Huch nach der Flucht aus dem sowjetisch kontrollierten Ost-Berlin.

Symbol der Vergänglichkeit und des Wandels

Schwarz sind die Reste der Porta Praetoria heute nicht mehr. Seit der 2017 erfolgten Restaurierung ist sie im originalen hellen Farbton des Kalksteins zu bewundern. Geschwärzt vom Feinstaub der Geschichte hatte sie noch der Schriftsteller Hermann Lenz (1913–1998) gesehen. Auch ihn inspirierte der antike Torso zu Betrachtungen über den Weltenlauf. Zunächst hält er fest, was dieser uralte Mauerrest einst bedeutet hatte: „Hier war die Grenze, am anderen Flussufer begann die Barbarei." Doch gingen seine Gedanken etwas andere Wege als die von Ricarda Huch – wo diese Vergänglichkeit als Entwicklungsprozess sah („Sterben ist Verwandlung"), gleicht die Stadt bei Lenz einem belebten Museum: Regensburg wird bei ihm zum Anschauungsort der bleibenden Gegenwart des Vergangenen, ein für die Stadt charakteristisches Motiv.

Lenz hat sich oft und gerne in Regensburg aufgehalten und der Porta Praetoria nicht nur in seinem hier ausschnittsweise wiedergegebenen Text *Castra Regina* (1959) ein Denkmal gesetzt, sondern auch in einer – teilweise gleichlautenden – Passage seiner in und um Regensburg spielenden Erzählung *Der Tintenfisch in der Garage* (1977), in der die Hauptfigur, ein Student namens Ludwig, immer wieder durch

Anfang einer Stadt: Erinnerung an das römische Lager Castra Regina

die Altstadt streift. Lenz lässt die historischen Schichten dieses Ortes transparent werden, so z. B. wenn er die Porta Praetoria in ihre Umgebung einbettet. Der Name der Straße ist für ihn Programm: *Unter den Schwibbögen* („Schwebebögen" dienten in mittelalterlichen Gassen als Mauerstützen) – selbst das fest Gemauerte ist in der Schwebe.

„In der Gasse, die ‚Unter den Schwibbögen' heißt, wölbt sich ein Tor aus unbehauenen Quadern; es wurde unter einer Mauer bloßgelegt, als hätte sich Haut abgeschält. Ein Turmstumpf steht daneben. Hier ritt der Kaiser hindurch, begleitet von Legaten, hier war der Haupteingang von Castra Regina.
Wer heute hindurchgeht, kommt in einen Hof mit alten Bäumen; ihre Wurzeln greifen in Römerschutt, und unter ihrem Laubdach klappern Teller im Wirtsgarten. Ein Tisch ist schwarz von Pfarrern. Früher trappelten hier Pferdehufe übers Pflaster, zur Begrüßung des Kaisers war eine Kohorte illyrischer Reiterei zur Stelle, und die Feldzeichen glänzten. So mag es gewesen sein, du kannst es dir ausdenken, aber niemand hat es aufgeschrieben. Castra Regina wurde verwüstet und wieder aufgebaut. Später haben Herzöge die Römerburg bewohnt, neue Mauern aufgerichtet und die alten abgetragen. Denkmäler, Totensteine, die in den neuen Mauern verbaut wurden, und Sarkophage sind zurückgeblieben."

Lenz fängt hier ein für Regensburg charakteristisches Moment ein: die Leichtigkeit des Ungleichzeitigen. Große Geschichte und kleine Geschichten begegnen sich auf engstem Raum, Vergangenheit und Gegenwart verschmelzen in Lenz' Szenerie ineinander. Das Trappeln der Pferdehufe findet auch lautmalerisch sein Echo im Klappern der Teller im Wirtsgarten des Bischofshofes, einst Residenz des obersten katholischen Geistlichen der Stadt, dann Brauhaus und heute Gasthof und Hotel. Im Biergarten sitzen schwarzgekleidete Pfarrer. Geistlichkeit kann man dort auch heute noch antreffen – als gälte nicht Marc Aurels großes Wort: „Die Welt ist ewiger Wechsel" (s. S. 21).

Hermann Lenz (* 26. Februar 1913, Stuttgart, † 12. Mai 1998, München) stammte wie eines seiner dichterischen Vorbilder, Eduard Mörike, aus dem Schwäbischen und ist in Stuttgart aufgewachsen. Lenz studierte Theologie sowie Kunst- und Geisteswissenschaften in Tübingen, Heidelberg und München. Als Schriftsteller erreichte er erst zu Beginn der 1970er Jahre einen größeren Bekanntheitsgrad, als Peter Handke 1973 in der *Süddeutschen Zeitung* seine Wertschätzung öffentlich machte. 1951 war Lenz bei einer Lesung vor der Gruppe 47 „durchgefallen". Als sein Hauptwerk gelten die neun autobiografischen Romane über sein Alter Ego, den Schriftsteller Eugen Rapp (*Vergangene Gegenwart*, 1966–1997), eine große Geschichtserzählung über das 20. Jh. In seinem Werk überhöht er feine Beobachtungen des Alltäglichen und den Blick auf das Vergangene bisweilen durch einen magischen Realismus. Die Stadt Regensburg diente seinem Roman *Spiegelhütte* (1962) sowie der Erzählung *Der Tintenfisch in der Garage* (1977) als Vorlage bzw. Schauplatz.

Niedermünster und Alte Kapelle

Das Niedermünster, in der Nordost-Ecke des einstigen Römerkastells gelegen, geht wie die benachbarte Alte Kapelle auf die frühmittelalterliche Pfalz der bayerischen Herzöge und der karolingischen Könige zurück. Nach dem Bau der Alten Kapelle als neuer Pfalzkapelle unter König Ludwig dem Deutschen wurde das Niedermünster in ein adliges Damenstift umgewandelt. Um 1150 wurde die romanische Kirche neu erbaut. In der ersten Hälfte des 17. Jhs. erfolgte eine Barockisierung des Innenraums. Nach dem Tod der letzten Stiftsdame 1819 wurde das Niedermünster zur Dompfarrkirche. Einzigartig sind begehbare unterirdische Fundamente, die von der Römerzeit, der Völkerwanderung und von den Vorgängerbauten der heutigen Kirche zeugen („document Niedermünster").

Die Alte Kapelle auf dem Alten Kornmarkt macht ihrem Namen alle Ehre: Bereits Mitte des 9. Jhs. ließ König Ludwig der Deutsche (826–876) hier, auf dem Areal einer karolingischen Pfalz, eine Kapelle errichten. 1002 wurde die Kirche von Kaiser Heinrich II. neu gestiftet. Der größte „Schatz" der Kirche ist ein Marienbild: 1014 schenkte Papst Benedikt VIII. Heinrich II. ein Gnadenbild. Der Kaiser vermachte es der Stiftskirche, wo es bis heute verehrt wird. Die heutige Basilika besteht aus einem karolingischen Langhaus, einem gotischen Chor sowie einem freistehenden Glockenturm. Der schlichte Name „Alte Kapelle" täuscht darüber hinweg, dass ihr Inneres goldglänzendes Rokoko ist: Von ca. 1750 bis 1770 wurde das Gotteshaus in diesem Stil prachtvoll neugestaltet. Die Stiftskirche „Unserer Lieben Frau zur Alten Kapelle" blickt zudem auf eine bedeutende Musiktradition zurück: Im 19. Jh. war das Kollegiatstift ein Zentrum der Wiederentdeckung alter A-cappella-Musik. 2006 segnete Papst Benedikt XVI. die nach ihm benannte, neu erbaute Orgel, einen modernen Nachbau des historischen Vorgänger-Instruments aus dem Jahr 1791. Der klassizistische Orgel-Prospekt blieb erhalten.

Die Alte Kapelle

„Dichterliebe" – Ernst Moritz Arndt auf der Suche nach „Madonnengesichtern"

Eine der Beobachtungen, die Goethe über Regensburg machte, lautet, dass sich „in der Stadt Kirche gegen Kirche und Stift gegen Stift" gegenüberstehen. Goethes Bemerkung war auf den kirchlichen Grundbesitz gemünzt. Einen viel größeren Besitz stellen aber die Kunstschätze der Gotteshäuser dar. Die Alte Kapelle und das Niedermünster sind herausragende Beispiele. In nächster Nähe zum Dom lässt sich hier Sakralkunst aus einem Zeitraum von über tausend Jahren bewundern.

Ein „Bildungsreisender", der diese beiden Kirchen nicht in erster Linie der Kunst wegen besichtigte, war Ernst Moritz Arndt (1769–1860). Als der auf Rügen geborene Schriftsteller im Lauf seiner ausgedehnten Reise von der Ostsee nach Venedig im Juli 1798 für drei Tage nach Regensburg kam, war noch nicht zu ahnen, dass er einmal zu den Idolen seiner Zeit zählen würde. Als *der* Dichter der anti-napoleonischen Freiheitskriege (1813–15) sollte er noch rund zweihundert Jahre lang im Gedächtnis bleiben.

Bei seiner Ankunft von Norden her fand er zwar auch wie Goethe, dass Regensburg „gar schön“ liege, äußerte sich dazu aber deutlich enthusiastischer:

„Himmlisch und entzückend war die Aussicht, deren ich genoss, als ich auf der Anhöhe über der Donau war, und Regensburg mit allen seinen Türmen und Zinnen sich unten im schönen Tale ausbreitete.“

Doch beim Betreten der Stadt sollte sich seine Begeisterung etwas trüben: „Regensburg ist eine große und dickleibige Stadt.“ Sie erinnert ihn aufgrund ihrer (damals noch zu sehenden) Stadtmauern und vor allem wegen der Patriziertürme an Nürnberg. Arndt gab der „Noris“ jedoch den Vorzug. Denn das Regensburg des ausgehenden 18. Jhs. machte trotz der Gesandtschaften und Klöster auf ihn einen „ärmlichen“ Eindruck. Das kommende Ende des Immerwährenden Reichstages zeichnete sich bereits ab.

Nichtsdestotrotz sollte der damals knapp 28-Jährige hier so manche „Sehenswürdigkeit“ entdecken. Besonders interessierten (oder amüsierten) Arndt, der neben Geschichte und Völkerkunde auch evangelische Theologie studiert hatte, die für ihn wunderlichen Erscheinungsformen des Katholizismus. Eines fiel ihm dabei besonders auf: Die „Madonnengesichter“ der Regensburger Frauen. Um diesem Geheimnis auf den Grund zu gehen (und vor allem um dem Gerücht zu widersprechen, dass Schönheit eine Frage der Konfession sei), legte sich der junge Arndt sogar mit einer großen Autorität an, dem berühmten preußischen Aufklärer Friedrich Nicolai (1722–1811). Nicolai hatte bereits 1783 in seiner Beschreibung einer Reise durch Deutschland und die Schweiz von den allgegenwärtigen „Madonnengesichtern“ der Regensburgerinnen berichtet – und zugleich eine ausgefallene Begründung für deren vermeintliches Vorkommen geliefert, die Arndt offenbar so nicht stehen lassen wollte:

„... das kömmt von den Muttergottesbildern, sagt Nicolai, nein sage ich, ... denn in den lutherischen Kirchen hier habe ich diese schönen Mädel ebenso häufig gesehen, als in den katholischen.“

Arndt hatte also offenbar die Probe aufs Exempel gemacht. Im Zuge seiner „Studien“ ließ er sich zunächst „das Original“ zeigen: das Gnadenbild der Alten Kapelle, eine angeblich authentische Ikone, die kein Geringerer als der Evangelist Lukas selbst gemalt haben soll:

Die 2006 von Papst Benedikt XVI. geweihte und nach ihm benannte Orgel in der Alten Kapelle

„In der Kollegiatkirche (der Alten Kapelle) zeigte man mir, mirandum dictu!, ein Gemälde der Gebenedeieten von Sanct Lukas, welches außerordentliche Dinge gewirkt haben soll. Zu schön für Sanct Lukas ist es nicht, aber sicher zu jung …“*

* lat.: Man höre und staune!

Nach der kritischen Betrachtung dieses legendären Marienbildes machte er sich auf, um dessen leibhaftige „Abbilder“ zu sehen:

„Am Sonntagmorgen besuchte ich die Kirche des Niedermünsters, um Nonnengesichter zu sehen, welches mir denn auch gewährt ward. Ich drängte mich durch die Menge der Knieenden und Anbetenden bis

*dicht zu ihnen hinan. Nur eine von 15 hatte eine echte Nonnenmiene, und eine jüngere schien auf dem Wege zu sein; die andern alten sahen meist stierstirnig und rauh, gleich unsern alten verwelkten Jungfern. Zwei sehr schöne Mädchen waren unter ihnen und in der Jugendblüte, die schon bleichte; wie jammerten sie mich! Denn ach, das rousseauische plaisir isolé** wie abscheulich ist es für das ganze Leben, das für sie nicht mehr da ist! Die eine sah mit ihren schönen schwarzen Augen so traurig unter dem weißen Schleier heraus, als wollte sie die Steine anflehen sie zu befreien; eine schöne, interessante Gestalt, so dass ich mein Auge nicht von ihr wenden konnte; auch sie ließ die ihrigen oft auf den braunen unsteten Fremdling fallen, und sank verschämt auf ihr Gesangbuch nieder, so oft die meinigen ihr begegneten. Ich ging zweimal hinaus und wieder von einer andern Seite herein, um das holde betrogene Mädchen zu sehen und zu bejammern."*

** frz.: Genuss der Abgeschiedenheit

Ernst Moritz Arndt (* 26. Dezember 1769, Groß Schoritz, † 29. Januar 1860, Bonn) gehörte zu den Idolen einer ganzen Generation. Arndt war evangelischer Theologe und Historiker, Professor für Geschichte in Greifswald und Bonn, aber berühmter ist er als Dichter (und Propagandist) der Befreiungskriege. In seinem bekanntesten Gedicht *Des Deutschen Vaterland* (1813) verkündete er seinen Zeitgenossen, wo dieses wirklich liege: „So weit die deutsche Zunge klingt / Und Gott im Himmel Lieder singt ..." – also in Sprache, Kunst, Musik und Glaube. Eine Würdigung von Arndts Leben und Werk fällt heute zwiespältig aus: Einerseits setzte er sich für einen demokratischen Verfassungsstaat und für die Abschaffung der Leibeigenschaft ein. Er inspirierte die Burschenschaften und wurde in Folge der Karlsbader Beschlüsse ein Opfer der „Demagogen"-Verfolgung; 1848 wurde er Abgeordneter in der Frankfurter Paulskirche. Sein Patriotismus war durch die Französische Revolution inspiriert, zeigt aber auch zeittypische völkische und antisemitische Anklänge. Deshalb verzichtet die Universität Greifswald heute auf den Namenszusatz „Ernst-Moritz-Arndt", den sie im „Dritten Reich", in der DDR und nach der Wiedervereinigung noch bis 2018 geführt hatte.

Von Regensburg nach Hollywood – Brentanos Passionsbuch

Während Ernst Moritz Arndt dem katholischen Ambiente der Stadt distanziert gegenüberstand, ging ein anderer geradezu darin auf: Clemens Brentano, einer der bedeutendsten Dichter der deutschen Romantik. Im Niedermünster hat er 1832 eines seiner Hauptwerke vollendet, eine Darstellung der Passion Jesu mit dem Titel *Das bittere Leiden unsers Herrn Jesu Christi, Nach den Betrachtungen der gottseligen Anna Katharina Emmerich* (1833). Dabei handelt es sich um Visionen einer stigmatisierten Nonne, die er 1818–24 an deren Kranken- und Sterbebett in Dülmen/Westfalen aufgezeichnet hatte. Brentanos literarische Bearbeitung der mystischen Offenbarungen der Augustiner-Schwester Anna Katharina Emmerich wurde 1980 von dem Regensburger Germanisten Bernhard Gajek neu herausgegeben. Ein Vierteljahrhundert später wurde Brentanos mystischer Text Teil eines Welterfolgs – als Quelle für das Drehbuch des Jesus-Films *The Passion of the Christ* (*Die Passion Christi*, 2004) von Mel Gibson, laut dem *Guinness-Buch der Rekorde* der erfolgreichste Bibel-Film aller Zeiten.

In der (Spät-)Romantik war die schwärmerische Hinwendung zum Katholizismus, die im Gegensatz zum Rationalismus der aufklärerischen, kritischen Theologie stand, geradezu „modern". Wie manch anderer Dichter hatte auch Brentano die romantische Vorstellung vom Leben als Wanderung in das religiöse Ideal des Pilgers übertragen. Brentano, der Regensburg bereits 1808 und nach 1823 mehrmals besucht hatte, stand in enger Verbindung mit dem Kreis um seinen ehemaligen Landshuter Theologie-Professor Johann Michael Sailer (1751–1832), der seit 1822 Weihbischof und (auf Wunsch König Ludwigs I.) von 1829 bis zu seinem Tod Bischof in Regensburg war. Sailer zählt zu den bedeutendsten Theologen zwischen Aufklärung und Romantik. Wie Sailer ging es auch Brentano um eine mystische, existenzielle Neubelebung des Christentums und um eine enge Verbindung von Kunst und Religion. Das galt in diesem Zusammenhang auch für Carl Proske (1794–1861), einen Geistlichen der Alten Kapelle, der in Anlehnung an E. T. A. Hoffmanns Schrift über *Alte und neue Kirchenmusik* (1814) den A-capella-Gesang der römischen Renaissance als die „wahre" Kirchenmusik wiederbeleben wollte (ein Ideal, von dem das Repertoire der Regensburger *Domspatzen* bis heute geprägt ist). Im Hinblick auf Brentanos Wirken 1832/33 im unmittelbaren Umfeld

„Nachbar Dom": Blick von Niedermünster auf die gotische Kathedrale

Das legendäre Gnadenbild der Alten Kapelle

von Sailer und Proske könnte man daher von einer „kleinen Regensburger Romantik“ sprechen.

Brentano wohnte zunächst im an die Niedermünster-Kirche angrenzenden Stiftsgebäude, der heutigen Bischöflichen Administration, dann in der Erhardigasse 1 hinter der Kirche und zuletzt in einem bis heute kirchlichen Palais, dem alten Bischofshof (Unter den Schwibbögen 17) an der Donau. Der für ihn am meisten inspirierende Ort dürfte aber ein Garten gewesen sein, den Brentanos Gastgeber, der Bischofssekretär und spätere Kardinal Melchior Diepenbrock (1798–1853) auf Wunsch des Dichters gemietet hatte: Der sogenannte Domgarten, einst Domfriedhof, heute Platz der Werkstätte der Dombauhütte, erstreckte sich von der Rückseite des Domes bis zum Vorplatz von Niedermünster – bis heute ein idyllischer Ort abseits der vielfrequentierten Touristenpfade. Brentano schilderte diesen Garten als ein kleines Paradies: „schön still“, „dicht voll trefflicher Obstbäume“ und mit „einer alten gotischen Säule mit einem Sakramentshäuschen“, wo man „zwischen lauter Altären und ... Heiligen Gebeinen, Früchte essen und Blumen brechen“ könne: „Ich kenne keinen reizenderen Garten ...“

Rudimentär findet man Brentanos Paradiesgarten noch heute vor. Das gotische Sakramenthäuschen ist noch an alter Stelle zu sehen. Rund um Niedermünster hatte Brentano „zwischen lauter heiligen Umgebungen“ seine Quelle der Inspiration gefunden. Sein Verhältnis zur Stadt war jedoch insgesamt zwiespältig: Von der traditionellen katholischen Alltags-Frömmigkeit der Regensburger zeigt sich Brentano zwar beeindruckt, aber von dem nicht minder allgegenwärtigen „böhmischen Bierwesen“ der normalsterblichen Einheimischen fühlte sich der gebürtige Rheinländer abgestoßen. Auch der Geruch so mancher hohlen Gasse, die jenseits seines Refugiums lag, widerte ihn an.

Ein kleines Privileg in Brentanos Leben in und um Niedermünster ist der malerische Blick auf die nahe Kathedrale St. Peter. Noch mehr als der Kölner Dom, der Inbegriff der romantischen Begeisterung für die Gotik, war für Brentano die Regensburger Kathedrale eines „der rührendsten alten Münster" überhaupt. Ihn faszinierte besonders die „Zusammenstellung von alten heiligen Gebäuden" im Hinterhof des Domes, wo der Domkreuzgang und die ebenfalls mittelalterliche Dompfarrkirche St. Ulrich „grade" vor seinem Fenster lagen und seinen geliebten Garten säumten. Dem „Nachbar Dom" widmete Brentano zum Abschied ein Gedicht, das er den *Bitteren Leiden* vorangestellt hat. Ein letztes Mal schaut er hinüber zu dem riesigen ‚Kirchenschiff', das in seinen Augen wie eine Arche auf dem Weg in ein himmlisches Reich des Lichtes und des Friedens ist. Fast beiläufig fasst der Dichter dabei auch die illusionäre Kraft gotischer Architektur in Worte:

Dom! der in Gewitternacht
Bald der Arche gleicht umdroht von Wogen,
Bald in stiller Opferpracht
Sich erhebt, umspannt von Friedensbogen,
Und, vom Sonnenblick geküsst
Und von weiser Tauben Flug umschwebet,
Jetzt gedenket, jetzt vergisst,
Wie sich Schweres leicht zu heben strebet …

Clemens Brentano (* 9. September 1778, Koblenz-Ehrenbreitstein, † 28. Juli 1842, Aschaffenburg) gehört zu den Hauptvertretern der deutschen Romantik und hat als Lyriker, Erzähler und Dramatiker bedeutende Werke dieser Epoche geschaffen, die er in allen ihren Entwicklungsphasen mitprägte. So kam er 1798 bis 1800 mit dem Kreis der Frühromantiker in Verbindung, deren moderne Prinzipien der Subjektivität, des kreativen „Chaos" sowie der Ironie er in seinem Roman *Godwi* virtuos umsetzte. Von 1806 bis 1808 gab er in Heidelberg mit Achim von Arnim *Des Knaben Wunderhorn* heraus, eine Sammlung und Umdichtung „alter deutscher Lieder", die für die Blütezeit der „Heidelberger (Hoch-)Romantik" steht. 1813/14 gehörte er wie Joseph von Eichendorff und Friedrich Schlegel zu den Protagonisten der Romantik in Wien. 1815 erschien sein nationalromantisches Drama *Die Gründung Prags*. 1817 trat er schließlich zum katholischen Glauben über und folgte der christlichen Mystik der Spätromantik.

Dom St. Peter

Sakralbau und Kunstwerk: Die Anfänge des Doms St. Peter gehen auf das 8. Jh. zurück. Der heutige Bau entstand ab der zweiten Hälfte des 13. Jhs. im Stil der französischen Kathedralgotik und ist das einzige Beispiel für diese Bauweise in Deutschland östlich des Rheins. Seine Fertigstellung erfolgte erst im 19. Jh., mit dem Ausbau der Domtürme und der Neukonstruktion des Daches. Die beiden Türme dominieren die imposante, maßwerkverzierte Westfassade mit ihrem reichgeschmückten, thematisch dem Leben Marias gewidmeten Doppelportal, zwischen dessen beiden Türen eine Steinfigur des Kirchenpatrons, des Heiligen Petrus, zu finden ist. Im Halbdunkel des Innenraumes beeindrucken das Farbenspiel der mittelalterlichen Glasfenster und der erhöhte Hauptaltar. Unter den Skulpturen steht an erster Stelle die „Verkündigungsgruppe“ des sogenannten Erminold-Meisters, die zu den Wahrzeichen der Stadt gehört. Von herausragender kunstgeschichtlicher Bedeutung ist auch der Kreuzgang, der noch dem karolingisch-romanischen Vorgängerbau des Domes zuzuordnen ist und sich außerhalb (östlich) der Kathedrale befindet.

„Ein himmelhoher poetischer Gedanke" – Heinrich Laube träumt im Dom von der „blauen Blume"

Nicht nur katholische Romantiker wie Clemens Brentano zeigten sich vom Regensburger Dom beeindruckt. Auch weniger religiös motivierte Autoren inspirierte die Kathedrale zu tiefschürfenden Betrachtungen über das Wesen der Gotik. Dazu zählt auch Heinrich Laube (1806-1884), im Vormärz einer der Wortführer des „Jungen Deutschland". Wie für Goethe war Regensburg auch für Laube nur Zwischenstation auf einer Reise, die ihn im Sommer 1833, begleitet von seinem Schriftstellerfreund Karl Gutzkow (1811-1878), nach Italien führen sollte.

Die Stadt an der Donau schien Laube noch ganz von der Vergangenheit geprägt: Vor seinem geistigen Auge ziehen die Gesandten des längst untergegangenen Immerwährenden Reichstages durch die engen Gassen, und in der allgegenwärtigen mittelalterlichen Romanik und Gotik glaubt er sich gar in die (Wunder-)Welt der Romantik versetzt. Zielstrebig suchte Laube zuerst den gotischen Dom auf. Während ihm die alte Reichsstadt als Ganzes „wie ein auf einander getürmter Haufe von Häusern und Türmen" vorkommt, erscheint ihm der Dom als etwas Erhabenes:

„Es war schon gegen Abend, als ich nach Regensburg kam, und ich eilte gleich von dem Postwagen nach dem Dome, der jetzt die größte Merkwürdigkeit von Regensburg ist. Reell sah er mich an mit seinen hohen steinernen Mauern und Pfeilern. Man kommt sich ärgerlich klein vor im Angesichte eines solchen mittelalterlichen schweigenden Gebäudes. Echt christlich, zur Demut niederbeugend, ist der Anblick der alten Dome. Sie sind so breit und massiv und ohne alle moderne Renommisterei, dass man ihre lastende, gebieterische Größe und Gewalt erst empfindet, wenn man dicht vor ihnen steht. Lauter kleine Einschnitte und Vertiefungen strecken sich unendlich lang an der Fassade in die Höhe, und in kleinen Nischen unter zierlichen gezackten Schutzdächern stehen putzige Könige und Frauen und Bischöfe, die in der Nähe ganz artig groß sein mögen ..."

Der Blick auf die Westfassade des Gotteshauses hat für viele Besucher der Stadt etwas Überwältigendes. Markantester Teil der Fassade ist das Hauptportal, ein von einer kleinen Vorhalle überdachtes Doppelportal, an dessen Mittelpfeiler der Namenspatron dieser Kirche, der Heilige Petrus, gleichsam Wache hält. Dessen Attribute haben auch das Regensburger Stadtwappen inspiriert: zwei gekreuzte Schlüssel auf rotem Grund. Der Bogen über dem Portal (das Tympanon) ist mit Szenen aus dem Leben Mariens – Tod, Grablegung, Himmelfahrt und Krönung – reichlich ausgeschmückt. Hinzu kommen die beiden seitlichen Portale der Westfassade, das nördliche, auf dessen Tympanon Moses die Gesetzestafeln überreicht werden, und das südliche, auf dem die Befreiung des Petrus aus dem Kerker zu sehen ist. Von dort strebt der Blick aufwärts zu den Ornamenten und Figuren, die sich im Himmel zu verlieren scheinen, unter ihnen vier Reiter, die die vier Weltreiche der Antike symbolisieren: auf einem Löwen der babylonische König Nebukadnezar, dann Julius Cäsar, der Römer, auf einem Einhorn, Alexander der Große auf einem Panther und schließlich Persiens König Cyrus auf einem Bären.

Um die vollendete Fassade mit den beiden über 100 Meter hohen Türmen zu bewundern, kam Laube zu früh: Die Domspitzen wurden nämlich erst im Rahmen der vom bayerischen König Ludwig I. inspirierten letzten Bauphase zwischen 1859 und 1869 fertiggestellt. Vorausgegangen war eine jahrhundertelange Bautätigkeit: Von dem (früh) romanischen Vorgängerbau steht heute nur noch der sogenannte Eselsturm an der Nordseite – gut sichtbar von der Steinernen Brücke aus. Dieser erste Kathedralbau hatte durch zwei große Brände im 12. Jh. so sehr gelitten, dass unter Bischof Leo Thundorfer (1262–1277), dem Nachfolger des Albertus Magnus (1260–1262), spätestens 1273 der Neubau im gotischen Stil in Angriff genommen wurde. Am Ende des 15. Jhs. war das Gebäude weitgehend fertiggestellt, sein Äußeres blieb (bis auf die Domtürme) seitdem nahezu unverändert, während im Inneren auch spätere Stilepochen ihre Spuren hinterließen. Allerdings wurde der Kirchenraum im 19. Jh. auf Veranlassung des mittelalterbegeisterten Königs Ludwig von dessen für Bayerns Kunstdenkmäler zuständigen Architekten Friedrich Gärtner (1791–1847) einer „Regotisierung“ unterzogen. Diese erstreckte sich von 1828 bis 1841 und verbannte die meisten nicht-gotischen (barocken) Elemente und Verzierungen. Als Heinrich Laube damals 1833 in den Dom trat, fühlte er sich jedenfalls in eine Wunderwelt mittelalterlicher Romantik versetzt:

„Drinnen im Dome war es schon mittelalterlich dunkel, und ich glaubte die langen und langweiligen Gesichter und Gestalten der alten Reichstage in den Seitengängen hin und her ziehn zu sehn. Die blau und rot gemalten Fenster fielen wie matter, romantischer Karfunkel in das hohe Schiff der Kirche, ich dachte an des Ofterdingens ‚blaue Blume' und setzte mich auf eine steinerne Stufe. Es muss doch auch schön gewesen sein damals, wo man nichts zu denken brauchte, sondern so träumerisch vor sich hin lebte, und sanfte Mädchen mit niedergeschlagenen Augen küsste, und schwermütige, wellenweiche Lieder summte, und wo es keine Polizei und keine Rezensenten gab. Wenn Einem die Poesie ausging, da trat er in solch' einen Dom, denn solch' ein hoher Dom ist ein himmelhoher poetischer Gedanke, vor dem man sich beugt, wenn man bedenkt, dass die Menschen oft ein halb Jahrhundert diesen einen, einzigen Gedanken haben mussten, um ihn fertig zu bauen. Welche Erhabenheit in dieser Armut – und in diesen Worten liegt ein Mittelalter."

Der politisch fortschrittlich eingestellte Laube spielt mit der romantischen Mittelalter-Sehnsucht nach Ende des Alten Reichs, doch ist seinen Worten auch eine ehrlich empfundene Nostalgie anzumerken, schreibt er doch in prosaischer Zeit, in den Jahren der Unterdrückung der national-liberalen Bewegung während der Restaurationsepoche (1815–1848). So nimmt es nicht wunder, dass er sich beim Betreten des Domes in eine idealisierte Zeit zurückversetzt fühlt. Ihm fällt sofort Novalis' Mittelalterroman *Heinrich von Ofterdingen* (1802) ein, der voll von Märchen- und Traumerzählungen ist: Der rote Karfunkel und die blaue Blume fungieren dort als Symbole der poetischen Sehnsucht und Liebe.

Der Dom als „Theatrum sacrum"

Heinrich Laube betrachtete den Dom als Gesamtkunstwerk aus Licht, Skulptur und Stein. Die ästhetische Wirkung dieses altehrwürdigen Sakralbaus brachte er auf eine Formel, die ganz von den katholischen Tendenzen der (Spät-)Romantik inspiriert ist: „Die katholische Religion ist eine Künstlerin, ihre Theater, das sind die Dome, sind an Effekt noch unübertroffen."

Schlicht und „erhaben": das Innere des Doms

Ganz ohne Flügel: der lachende Engel im Dom

In der Tat gibt es auch in der gotischen Kathedrale von Regensburg viel Effektvolles zu sehen: Die Glasfenster, die den Innenraum zugleich mystisch erhellen und verdunkeln, zählen zu ihren Prunkstücken. Sie stammen überwiegend aus dem Mittelalter, einige aber auch aus dem 19. u. 20. Jh. Noch aus dem Vorgängerbau datiert das um 1230 entstandene „Wurzel-Jesse-Fenster" im südlichen Querhaus, das den Stammbaum Christi zeigt. Im Hauptchor rechts ist auf einem Fenster (um 1315) die „heilige Sippe" (die Verwandtschaft Jesu) dargestellt, das Marienfenster im südlichen Seitenschiff geht auf die Zeit um 1350 zurück. Ein weiteres Fenster, im nördlichen Seitenschiff, ist ca. 1440 entstanden und stellt u. a. die Evangelisten und die Kirchenväter dar. All diese in den bunten Farben von Edelsteinen leuchtenden Fenster zeigen Stationen der Heilsgeschichte – von den Erzählungen der Bibel bis zu den Legenden der Heiligen.

Einen wahrlich „dramatischen" (biblischen) Moment stellen – auf hoffnungsfrohe Weise – die berühmtesten steinernen Skulpturen des Domes dar, die „Verkündigungsgruppe". Die beiden Figuren, die Jungfrau Maria und der Erzengel Gabriel, befanden sich ursprünglich im Hochchor und zieren heute die beiden westlichen Vierungspfeiler. Maria trägt ein faltenreiches Gewand, in ihrer Linken hält sie ein Buch, wohl *das* Buch, an dessen Beginn auch Maria steht. Ihre Rechte ist leicht erhoben, die dem Betrachter zugewandte Handfläche signalisiert ein Zögern, eine Unentschlossenheit, zwischen Abwehr oder Gruß – als scheine Maria zu ahnen, was kommen wird. Ikonischen Charakter hat die Figur des Gabriel, der erstaunlicherweise keine Flügel besitzt. Außerdem bemerkenswert: Ein freudiges Lächeln umspielt seinen Mund. Der Engel gleicht eher einem Jüngling oder einer jungen Frau. Sein gelocktes Haupt scheint aus seinem faltenreichen Gewand herauszuwachsen. In der Rechten hält er das Spruchband mit der Frohen Botschaft, dem „Englischen Gruß". Über sein Lächeln wurde viel geschrieben. Manche erinnert es an Jünglingsfiguren (Kouroi) der griechischen Archaik. Ein unmittelbares gotisches Vorbild für den „lachenden Engel" findet sich an der Kathedrale von Reims.

Als groteskes Gegenstück zur Verkündigungsgruppe mögen die Kleinskulpturen links und rechts der Innenseite des Hauptportals gelten, die vom Volksmund „der Teufel und seine Großmutter" getauft wurden. Imponierend sind auch zwei große Reiterfiguren neben dem Hauptportal, links der Hl. Georg und rechts der Hl. Martin, der an den berühmten Reiter im Bamberger Dom erinnert. Die Ziborienaltäre in den Seitenschiffen, der Ziehbrunnen und das bronzene Grabmonument für den Bischof und Kardinaldiakon Philipp Wilhelm von Bayern (1576–1598) stechen sofort ins Auge; ebenso der barocke Hochaltar aus Silber und vergoldetem Kupfer; Altarkreuz und Silberleuchter wurden von einem Bischof aus der Familie Fugger gestiftet. Beinahe versteckt ist dagegen das klassizistische Grabmal des 1817 verstorbenen Fürstbischofs Carl von Dalberg in einem vom nördlichen Seitenschiff abzweigenden Durchgang. Dalberg war der Erbauer des Theaters am Bismarckplatz (s. S. 143).

Heinrich Laube (* 18. September 1806, Sprottau/Schlesien, † 1. August 1884, Wien) war ein literarischer Vertreter des „Jungen Deutschland", der sich in seinen erzählerischen und dramatischen Werken oft Stoffen aus der Geschichte widmete, darüber hinaus als Herausgeber, politischer Journalist und Theaterkritiker tätig war. Der erklärte Sympathisant der französischen Julirevolution von 1830 wurde im Jahr 1834 aufgrund seiner politischen Publizistik aus Dresden ausgewiesen. In Berlin verhaftete und verurteilte man ihn wegen ‚burschenschaftlicher Umtriebe'. 1848 wurde er in die Frankfurter Nationalversammlung in der Paulskirche gewählt, wo er als Vertreter einer konstitutionellen Monarchie galt. Von 1849 bis 1867 fungierte er als künstlerischer Leiter des Wiener Burgtheaters. Seine *Reisenovellen* (5 Bde., 1834–37), in denen er Regensburg ein Kapitel gewidmet hat, sind von Heinrich Heines *Reisebildern* (1826/27) inspiriert und verbinden lokale Impressionen mit Zeitkritik.

Neupfarrplatz

Der Neupfarrplatz ist Geschäftszentrum und Ort des „Christkindlmarktes". Hier verlief eine der zwei Hauptstraßen des Legionslagers. 500 Jahre lang war hier das jüdische Viertel, das dank Synagoge, Talmudschule und Gelehrten wie Jehuda ben Schmuel (1140/50–1217) über die Reichsgrenzen hinaus bekannt war. Zum „Platz der Barbarei" wurde dieser Ort erstmals 1519: Regensburg befand sich in einer Wirtschaftskrise. Ein hetzender Domprediger, Stadtrat und Bürger, die sich Christen nannten, suchten nach Sündenböcken und vertrieben im Februar die älteste jüdische Gemeinde Bayerns mit ihren 500 Mitgliedern sowie 80 Talmudschülern. So entledigten sie sich ihrer Gläubiger und Konkurrenten. Damit diese nicht zurückkehren konnten, wurden 40 Wohnhäuser und die gotische Synagoge niedergerissen. Unter Missbrauch von Grabsteinen des geschändeten jüdischen Friedhofs hat man mit der Errichtung einer katholischen Marienwallfahrtskirche begonnen, die im Zuge der Reformation 1542 zur ersten evangelischen Kirche der Stadt wurde. Zu einem „Platz der Barbarei" wurde der Neupfarrplatz auch während der NS-Zeit, als hier 1933 eine Bücherverbrennung stattfand. 2005 wurde auf dem Grund der zerstörten Synagoge und als Ort der Begegnung das Denkmal „Misrach" („Osten") des israelischen Künstlers Dani Karavan (1930–2021) errichtet. Im „document Neupfarrplatz" kann man drei gut erhaltene Keller jüdischer Häuser betreten.

Platz der Barbarei – literarische Spuren des Regensburger Pogroms von 1519

An die erste Vertreibung der Juden aus Regensburg, aus dem Areal des heutigen Neupfarrplatzes, erinnert eine 1933 in New York erschienene, auf Jiddisch geschriebene Erzählung des polnischen Juden Joseph Opatoshu (1886–1954). Das Titelblatt zierte eine Thora-Illustration von Marc Chagall (1887–1985).* Opatoshus Erzählung *Ein Tag in Regensburg* kreist um eine Hochzeitsfeier im jüdischen Viertel, in deren Verlauf die Gäste von einem bevorstehenden Pogrom erfahren. Noch zu Beginn wird ein idealtypisches, friedvolles Zusammenleben von Christen und Juden versinnbildlicht. Opatoshu setzt dabei der Regensburger Synagoge eine Kuppel auf, die es in Wirklichkeit gar nicht gab. Aber so ist Literatur:

„Die gleißende Sonne stand hoch am Himmel, verschlang jedes Wölkchen. Die Synagoge mit dem gewölbten Dach, mit den rohen, steinernen Wänden, die altersschwach bröckelten, war von silbernen und goldenen Äderchen durchzogen. Alles drängte dem Himmel entgegen, wärmte sich, und über der Synagogenkuppel, in der klaren Luft, schimmerten die Kirchturmspitzen von St. Emmeram."

Die heitere Stimmung der Hochzeitsgesellschaft aus Edlen und Bettlern ebbt ab – ein „Gerücht" geht um: Alle Regensburger Juden sollten vertrieben werden! „Das Weinen und Wehrufen von Juden, die nicht nur aus Nürnberg und Speyer, sondern auch aus Dutzenden anderen Städten und Städtchen vertrieben worden waren, hallte plötzlich in aller Ohren wider." Trotz aller Bedrängnis stehen zwei Hauptakteure, die Theatermacher Fischl und Lejb, in Opatoshus Werk für eine gute Zukunft. „Beide ... waren sich einig, dass dies alles nur Schall und Rauch sei. Und dass das Leben nicht verschwenderisch sei: Schenkte es einem die diesseitige Welt, versagte es das Jenseits. Die Ewigkeit aber gehörte ihnen."

Das Pogrom von 1519 fand auch Eingang in die Populärliteratur: Der erstmals 2015 erschienene, 500 Seiten lange historische Roman *Die*

* Chagall illustrierte auch Werke des jiddischen Autors Mendel Mann (1916–1975), der 1946/47 als „Displaced Person" in Regensburg war und für die Zeitung *Der neue Moment* schrieb (s. S. 92).

Wo sich Menschen begegnen: das Karavan-Denkmal an der Stelle der 1519 zerstörten Synagoge

Tochter des Medicus schildert das Schicksal der fiktiven Jüdin Alisah Friedman und ihres Nachfahren Gideon Morgenstern. Verfasst wurde das Werk von Gerit Bertram, Pseudonym eines in Norddeutschland lebenden Autorenpaares, das sich 2007 durch ein Internet-Schreibforum kennenlernte. Im 12. Kapitel beschreibt Alisah die Zerstörung der Regensburger Synagoge:

„Auf einen Befehl ihres Anführers hin überreichten die Kerle ... unseren Männern die Dreschflegel, Äxte und Vorschlaghämmer. In ihren Mienen las ich deutlich, was geschehen würde, sollten wir Widerstand leisten. Also nahmen unsere Leute die Werkzeuge entgegen und hieben die Vorschlaghämmer gegen die alten Mauern. Bald lösten sich die ersten Steine und fielen in den Schnee."

Joseph Opatoshu (* 1. Januar 1887, Mława, † 7. Oktober 1954, New York), einer der bedeutendsten jiddischsprachigen Schriftsteller des 20. Jhs., wurde als Sohn eines Rabbiners nahe Warschau geboren. Nach dem Besuch der Handelsschule in Warschau studierte er 1906 am Polytechnikum in Nancy. 1907 folgte die Emigration in die USA, wo er in New York als Fabrikarbeiter tätig war und 1914 sein Ingenieurstudium abschließen konnte. Bereits 1910 war seine Debüt-Erzählung *Auf jener Seite der Brücke* erschienen. Sein Hauptwerk, der Roman *In polnischen Wäldern* (1921), bildet den Auftakt einer Trilogie über das polnisch-jüdische Leben im 19. Jh. und wurde 1929 verfilmt. Opatoshu starb am Jom Kippur-Tag 1954 in New York.

Victor Klemperer und das Ende der NS-Zeit in Regensburg

„Buchenwald, Auschwitz – wie wenig wiegen dagegen die verbrannten Bücher! Und doch: hier der Anfang, das Prinzip."
(Victor Klemperer)

Auch die zweite Vertreibung der jüdischen Gemeinde aus Regensburg hängt mit dem Neupfarrplatz zusammen. Am 12. Mai 1933 fand auf diesem Platz eine Bücherverbrennung statt, Auftakt einer beispiellosen Verfolgung. Solche Aktionen zur Vernichtung geistiger Werke bildeten den Auftakt für die physische Vernichtung von Menschen. 1942 wurden auch in Regensburg Deportationen großer Gruppen von Juden in die NS-Konzentrationslager in Osteuropa durchgeführt.

Das Autodafé von 1933 stellte eine nachahmende Tat der örtlichen Hitlerjugend dar. Ihre Vorbilder waren die zwei Tage zuvor, am 10. Mai 1933, in 22 deutschen Universitätsstädten vom nationalsozialistischen Deutschen Studentenbund organisierten Verbrennungen. Diese wiederum waren Teil der „Aktion wider den deutschen Ungeist", die sich die systematische Verfolgung jüdischer, marxistischer, pazifistischer und anderer oppositioneller oder politisch unliebsamer Schriftsteller zum Ziel gesetzt hatte. Wie in jeder Diktatur sollte es nur noch eine Einheitsmeinung geben; Abweichungen waren unerwünscht und wurden diffamiert. Verbrannt wurden u. a. Werke von Oskar Maria Graf, Erich Kästner, Heinrich Mann, Erich Maria Remarque, Kurt Tucholsky und Carl von Ossietzky.

Tag der Schande: NS-Bücherverbrennung vor der Neupfarrkirche am 12. Mai 1933

Auf dem Platz versammelte sich aber auch bis Ende 1942 die „Neupfarrplatzgruppe", der Oppositionelle mehrerer politischer Richtungen angehörten. Danach wurde die von der Gestapo bespitzelte Gruppe aufgelöst und gegen 49 Mitglieder ermittelt, von denen einige für Jahre in Zuchthäusern und KZs verschwanden. Zwei Personen wurden guillotiniert, zwei erschossen, fünf starben an Folgen von Verhaftung und Verhör.

Zu den bedeutendsten Chronisten der NS-Zeit in Regensburg gehört der jüdischstämmige Romanist Victor Klemperer (1881–1960). Er war zwischen 1918 und 1945 viermal in Regensburg und hat durch Tagebucheintragungen diese Besuche für die Nachgeborenen lebendig gemacht. Im Weltkriegsjahr 1918 war er mit seiner nichtjüdischen Ehefrau Eva zur Osterzeit hier:

„Wir besichtigten die Stadt ganz unabgelenkt von allen Kriegsgedanken. Freilich ist (oder war?) Regensburg die zeitfernste aller deutschen Städte. Eine wunderbare, eine absolut zeitlose Steinmasse ... ohne alle Verbindung mit der Gegenwart. Nirgends moderne Stadtteile oder auch nur einzelne Häuser, nirgends Wachstum, Verkehr, Fremdenzustrom. Um Alt-Braunschweig zieht sich eine moderne Stadt, um Alt-Regensburg gar nichts. Völliger Stillstand, auch nicht die Belebtheit eines Museums. Und alles steinern, die Holzbauten Braunschweigs, Nürnbergs und Paderborns fehlen ... Auffallend viele Turmuhren. Es ist, als sollte betont werden, auch hier stehe die Zeit nicht still. Aber sie steht versteinert still.“

Am 26. März 1920 war das Ehepaar zum zweiten Mal in Regensburg. Sie wohnten in einem „Tagzimmer in dem gleichen Hotel *National*, wo wir während des Kriegs schon einmal gewohnt haben ...“ Bemerkenswert: „Während rings um das Land in tiefstem Elend sitzt, schwelgt man in R. markenfrei: Im *Sternbräu*, am fleischlosen Freitag 5 Fleischgerichte zwischen 3.50 u. 5.50 auf der Speisekarte, Röhrnudeln um 1 Mark, fettgeröstete Kartoffeln um 80 Pf ... Im Caféhaus der weißeste Hefekuchen markenfrei für 1 M.“

Die intensivsten Begegnungen mit und in Regensburg hatte Victor Klemperer Anfang April und Ende Mai 1945. Nach der Bombardierung ihres damaligen Wohnortes Dresden am 13. Februar konnten er und seine Frau fliehen, zeitweise unter dem falschen Namen „Kleinpeter“. Den aufgezwungenen gelben Stern trug Klemperer nun versteckt bei sich, wie auch die Kennkarte, die ihn als Juden auswies. Für den Zeitpunkt der erhofften Befreiung würde die Karte ein wichtiges Dokument bedeuten. Am 4. April trafen sie in der Domstadt ein, mit dem Zug aus Marktredwitz kommend. Er sah „(Bomben-)Trichter, zerstörte Bauten, zerstörte Waggons, zerstörte auf Land gezogene Schiffe, ... der Bahnhof selbst zu großen Teilen Ruine.“ Das Ehepaar zog noch am selben Tag weiter. Ziel war eine sichere Unterkunft für die nächsten Monate in München und Oberbayern. Nach Kriegsende verließen die

Klemperers ihren temporären Zufluchtsort im oberbayerischen Unterbernbach nahe Aichach und reisten ab 26. Mai zurück nach Dresden, meist zu Fuß. Ihr Weg führte bewusst über Regensburg, um dort einen alten Bekannten Victors aus seiner Münchner Zeit 1919/20 wiederzusehen: den Chirurgen Dr. Leo Ritter. Am 30. Mai hörte Klemperer von zwei Frauen, die mit ihm auf einem Ochsenwagen saßen und auf „Hamstertour" waren, von einem tragischen Regensburger Ereignis:

„Die Amerikaner hatten ein Ultimatum auf Übergabe gestellt, andernfalls wollten sie die wehrlose und schon schwer beschädigte Stadt durch ein massiertes Fliegergeschwader vernichten. Die SS weigerte sich, die Frauen der Stadt demonstrierten leidenschaftlich auf dem Markt. Da stieg der Domprediger Dr. Maier auf und sprach – tiefe Verbeugung, weit ausgebreitete Arme, pathetischstes, weichstes Flehen in der Stimme (‚Gerad so hat er gesprochen!') –: ‚Wir fordern nichts, wir wollen nichts als bitten, dass uns das Schlimmste erspart bleibe!' Indem kam SS, drängte uns zurück, trieb uns fort … ich habe geschrien und geweint und mich gewehrt … und dem Dr. Maier banden sie die Handgelenke zusammen, und ‚Betet für mich' hat er noch g'sagt … Und am nächsten Morgen hing sein Leichnam auf dem Markt."

Für den 31. Mai notierte Klemperer: „Wir machten bei Regen einen sehr langen und nüchternen Weg durch die Länge der Stadt ins Krankenhausviertel, Prüfeninger Straße." Sie warteten im Privathaus Dr. Ritters und wurden von dessen Familie verköstigt. „Eine Stunde später war dann Ritter selbst da. Ihm unterstehen zwei Häuser …, zusammen 700 Betten … Von den Amerikanern war er nicht sehr erbaut, sie hatten geplündert … Über die Nazis urteilte er mit äußerster Härte. In seinem frommen Munde überraschte es mich, als er zu Himmlers Selbstmord erklärte, Zyankali wirke in ein paar Sekunden – das sei ‚zu wenig' gewesen für diesen Bluthund." Die Klemperers konnten im Krankenhaus der Barmherzigen Brüder schlafen. Am nächsten Tag wagten sie sich in die Altstadt: „Wir gingen am Morgen des Freitag, 1. Juni, durch die nicht allzu zerstörte enge Innenstadt und dann auf einer breiten, auch von Fuhrwerk massenhaft benutzten Pontonbrücke über den Strom."

Lange unveröffentlichte Anmerkungen Klemperers über Regensburg sandte viele Jahre später dessen Witwe, seine zweite Ehefrau Hadwig, an den Regensburger Literarhistoriker Eberhard Dünninger (1934–2015). In diesen Notizen schreibt Klemperer ergänzend zur letzten Szene:

„Dieses Bild: der große Strom, die tief darauf liegende Behelfsbrücke, das ständige Herüberfluten von Menschen und Wagen mit Stauung und Warten an den Brückenköpfen hat sich mir doch sehr (wie ein Stückchen 30-jähriger Krieg) eingeprägt. Dazu kam das Gefühl, vielleicht unberechtigt, aber doch stark vorhanden, nunmehr die eigentliche Barriere zwischen mir und der Heimat überwunden zu haben. Links der Donau, das waren Wir – ich hätte nicht sagen können, was ich unter diesem Wir genauer empfand, aber ich fühlte mich eben mehr zu Hause."

An der Stelle der im November 1938 von den Nazis niedergebrannten, erst 1912 errichteten Synagoge am Brixener Hof (unweit des Neupfarrplatzes), wurde am 27. Februar 2019 ein neues jüdisches Gotteshaus eingeweiht. Exakt 500 Jahre nach der Zerstörung der mittelalterlichen Synagoge am Neupfarrplatz. Im Eingangsbereich liest man ein in Bronze gegossenes, in einer Spirale gleichsam um den Betrachter kreisendes Gedicht der jüdischen Schriftstellerin Rose Ausländer (1901–1988). Es heißt *Gemeinsam* und stellt das Verbindende in den Vordergrund:

„… Vergesset nicht, / es ist unsere / gemeinsame Welt / … diese zerrissene, / ungeteilte Erde, / auf der wir / gemeinsam reisen."

Victor Klemperer (* 9. Oktober 1881, Landsberg an der Warthe, † 11. Februar 1960, Dresden) wurde erst durch seine Mitte der 1990er Jahre veröffentlichten Tagebücher bekannt, in denen er u. a. eindringlich die Verfolgung in der NS-Zeit beschreibt. Unter dem Titel *Ich will Zeugnis ablegen bis zum letzten* wurden sie zum Bestseller. Klemperer, als achtes Kind eines Rabbiners geboren, war in Berlin aufgewachsen. Er studierte Philosophie, Romanistik und Germanistik in München, Genf, Paris und Berlin. Er konvertierte zum Protestantismus, promovierte und habilitierte sich. 1920 wurde Klemperer auf eine Romanistik-Professur nach Dresden berufen, 1935 jedoch wegen seiner jüdischen Herkunft entlassen. 1940 ließ man ihn in ein „Judenhaus" einweisen. Noch während des Krieges arbeitete er an seinem Werk *Lingua Tertii Imperii* (*LTI*), *Sprache des Dritten Reiches*, das 1947 in Ost-Berlin und postum (1966) auch im Westen erschien. Nach dem Krieg trat er trotz Skrupeln in die KPD ein (*„Sie setzt neue Unfreiheit an die Stelle der alten!"*) und wurde wieder Professor an der TH Dresden (1945–47). Weitere Stationen waren Professuren an den Universitäten Greifswald, Halle und Berlin. Von 1950 bis 1958 gehörte er der Volkskammer der DDR an.

BackStage
10
8

Ehemalige Buchhandlung *Atlantis* (Wahlenstraße)

Die Wahlenstraße mit ihrem bunten Nebeneinander von gotischen, barocken und klassizistischen Fassaden gehört zu den ältesten Straßen Regensburgs. Sie verläuft an der Westseite des einstigen römischen Legionslagers. Daher auch ihr Name, der sich von der verbliebenen romanischen Bevölkerungsgruppe („Wahlen", d. h. „Welsche") herleitet. In ihr befindet sich der Goldene Turm, der größte erhaltene Patrizierturm der Stadt, sowie das Wohnhaus von Ulrich Schmidl (Nr. 23), der 1536 die Stadt Buenos Aires mitbegründet hatte. Aber auch literarisch gab es hier einen ganzen Kontinent zu entdecken: In der Hausnummer 8, einem hochgotischen Giebelhaus, befand sich von 1961 bis 2017 unter einem charakteristischen Kreuzrippengewölbe im Erdgeschoss die Buchhandlung Atlantis.

Eine untergegangene Schatzinsel der Literatur

Über ein halbes Jahrhundert lang lag hier die poetische Schatzinsel Regensburgs: Rund 400 Lesungen hat Buchhändler Alfred Strohmaier veranstaltet. Es kamen (spätere) Nobelpreisträger wie Günter Grass (1927–2015) und Peter Handke (*1942), Autoren der Nachkriegsliteratur wie Erich Fried (1921–1988), Mitglieder der legendären Gruppe 47 wie Uwe Johnson (1934–1984) sowie zahlreiche weitere Protagonisten der deutschen Literatur von Thomas Bernhard (s. S. 101) bis Daniel Kehlmann (*1975). Die Atlantis-Lesungen „spiegeln die Geschichte der ernsthaften deutschsprachigen Literatur nach dem Krieg bis in die Gegenwart wider", resümierte der Regensburg sehr verbundene Autor Ernst-Wilhelm Händler (*1953) einmal treffend. Der Schweizer Schriftsteller und Germanist Adolf Muschg (*1934) formulierte die Bedeutung der Lesestube im ersten Stock mit ihren massiven mittelalterlichen Balken so: „Nirgends ist die Luft des alten Regensburg weniger dumpf – oder weniger windig – als hier."

Der Buchhandlung, ihrer Lesestube sowie ihrem Inhaber Alfred Strohmeier, dem freundlichen „Herrn von Atlantis", hat Hermann Lenz in seiner in Regensburg spielenden Erzählung *Der Tintenfisch in der Garage* (1977) ein kleines Denkmal gesetzt. Nicht ohne satirische Spitzen schildert er dort das Lesepublikum in einer noch jungen Universitätsstadt der 1970er Jahre, den Buchhändler „Meerkatz" mit seiner habituell konservativen bis revolutionären „Gefolgschaft", die wie ihr Gastgeber aus dem „besseren Drittel der Leute" stammte. Auf „roten Kunststoffstühlen" vor Regalen mit „verstaubter" Marx-Engels-Literatur wurde hier darüber diskutiert, ob Hermann Hesses *Steppenwolf* nur etwas für „Hippies" oder einfach „Geschmackssache" sei.

Ruth Klüger und Martin Walser – eine „zähe Freundschaft" beginnt in Regensburg

Unter den vielen Werken von Rang, die hier von ihren Autoren vorgestellt wurden, war auch eine literarische Sensation: Die Erinnerungen der in Wien geborenen Holocaust-Überlebenden Ruth Klüger (1931–2020): *weiter leben, Eine Jugend* (1992). Dieses Aufsehen erregende Buch wurde in Regensburg mit auf den Weg in die Öffentlichkeit gebracht, wo Ruth Klüger im Juni 1992 eine ihrer ersten Lesungen gab. Die Buchpräsentation hatte am Rande der Jahrestagung der Heinrich-von-Kleist-Gesellschaft und der damit verbundenen Verleihung des Kleist-Preises stattgefunden. Als ausgewiesene Kleist-Expertin hatte Ruth Klüger an der begleitenden wissenschaftlichen Tagung teilgenommen. Eingeladen hatte sie der Präsident der Kleist-Gesellschaft, der Regensburger Germanist Hans Joachim Kreutzer (1935–2018), der für Klüger auch die Lesung bei Atlantis vermittelt hatte. Zur Kleist-Preisverleihung im Reichssaal des Alten Rathauses hatte die Kleist-Gesellschaft den „Literatur-Papst" Marcel Reich-Ranicki (1920–2013) als Laudator geladen, den Preis erhielt auf dessen Vorschlag hin Monika Maron (*1941). Und ebenjener Marcel Reich-Ranicki, selbst ein Überlebender des NS-Terrors, brachte Klügers Buch rund ein halbes Jahr später einem Millionen-Publikum nahe, indem er es am 14. Januar 1993 in der populären ZDF-Sendung *Das literarische Quartett* vorstellte. Das hatte zur Folge, dass die literarische Autobiografie der aus Wien stammenden und in die USA emigrierten Literatur-Professorin zum „Bestseller" wurde. Auch heute gilt Klügers Buch als ein Schlüsselwerk über die (Un-)Möglichkeit eines Weiterlebens nach der Erfahrung des Holocaust. Es brachte dem Wallstein-Verlag in Göttingen, wo Klüger Gast-Professorin war, großes Renommee und ökonomischen Erfolg. Der Suhrkamp-Verleger Siegfried Unseld (1924–2002) hatte das Manuskript zuvor abgelehnt.

Mit ihrer Lesung in Regensburg war die Autorin an einen der Schauplätze ihres Buches und Lebens zurückgekehrt. In *weiter leben* schildert Ruth Klüger u. a. die Flucht aus einem Konzentrationslager nach Bayern, wo sie nach dem Krieg (1947) als knapp Sechzehnjährige in Regensburg an der damaligen Philosophisch-theologischen Hochschule am Ägidienplatz Vorlesungen hörte. Dort lernte sie einen Studienkollegen namens Martin Walser kennen. Die Abiturientin war zunächst etwas fasziniert von dem zehn Jahre älteren Kommilitonen vom Bodensee, der sein Studium später in Tübingen fortsetzen sollte. Walser – in *weiter leben* trägt er das Pseudonym „Christoph" – diskutiert mit seiner Kommilitonin über Stefan Georges Gedichte und Franz Kafkas Erzählungen. Und nicht nur das: In einem der Bücher, die Walser der jüngeren Studentin zukommen ließ, fand sie ein von ihm verfasstes Gedicht, in welchem er das romantische Klischee der geheimnisvollen Fremden aus dem Morgenland gebrauchte. Sollten diese Zeilen als Liebeserklärung gedacht gewesen sein, so verfehlten sie ihren Zweck völlig. Ruth Klüger empfand die Verse als eitel. Steckte nicht das alte Stereotyp vom ewig wandernden Juden dahinter? Außerdem schien Walser in den Augen der gebürtigen Wienerin an dem, was sie erleben hatte müssen, nicht wirklich interessiert zu sein.

In den Gesprächen der beiden Studenten deutete sich fortan eine Kontroverse an, die mehr als ein halbes Jahrhundert später die Feuilletons beschäftigten sollte: Die Autorin sieht in ihrem Regensburger Kommilitonen den „Inbegriff eines Deutschen", „der seine Identität hatte". Da „Christoph" sich für den Antisemitismus Luthers nicht interessierte und in ihr nur so etwas wie eine „rätselhafte Fremde" sah, wirft sie ihm vor, selbst latent antisemitisch zu sein, was er vehement bestreitet. Dieser Vorwurf sollte Walser, der als einer der ersten deutschen Schriftsteller über Auschwitz schrieb, Jahrzehnte später wieder einholen.

Trotz dieser Divergenz pflegten Klüger und Walser nach ihrem Regensburger Intermezzo eine anhaltende „zähe Freundschaft". 2002 aber beendete Ruth Klüger, mittlerweile mit vielen Literaturpreisen ausgezeichnet, in einem Offenen Brief ihre Freundschaft mit Walser, nachdem dieser in seinem Roman *Tod eines Kritikers* Marcel Reich-Ranicki angegriffen hatte und daraufhin zur Zielscheibe von Antisemitismus-Vorwürfen geworden war. Bereits 1998 hatte Walser anlässlich der Verleihung des Friedenspreises des Deutschen Buchhandels in der Frankfurter Paulskirche mit Blick auf die bundesdeutsche Vergangenheitsbewältigung von einer „Instrumentalisierung des Holocaust" gesprochen. Dieser am Ende unversöhnliche Gegensatz ist in der Regensburg-Passage von Klügers *weiter leben* bereits vorgezeichnet.

Während der erwähnten Atlantis-Lesung von Ruth Klüger wurde die wahre Identität von „Christoph" nicht enthüllt. Ganz gelüftet wurde das Geheimnis wohl erst in einem Beitrag von Hans Joachim Kreutzer für die *Süddeutsche Zeitung* vom 4. November 1992. Kreutzer deutete darin nicht nur Klügers Buch, sondern auch die in Regensburg begonnene Auseinandersetzung mit Walser als ein Symptom des „deutschen Selbstkonflikts".

Vor diesem Hintergrund mag es als eine bemerkenswerte Wendung der Literaturgeschichte erscheinen, dass 1998 eine Atlantis-Lesung von Martin Walser (aus seinem autobiografischen Roman *Ein springender Brunnen*, in dem er über *seine* Kindheit im Nationalsozialismus schreibt) wegen der großen Nachfrage in den Saal des Runtinger-Hauses, eines großen Patrizier-Gebäudes in der Keplerstraße (Nr. 1), verlegt werden musste. Einige Jahre zuvor war die Lesung der damals dem Publikum noch völlig unbekannten Ruth Klüger dagegen auf vergleichsweise geringes Interesse gestoßen. Kaum jemand hatte seinerzeit das große Wirkungspotenzial ihres Buches erkannt. Heute aber ist *weiter leben* einer der meistgelesenen Texte der deutschsprachigen Holocaust-Literatur.

Ruth Klüger (* 30. Oktober 1931, Wien, † 6. Oktober 2020, Irvine/Kalifornien) war eine Literaturwissenschaftlerin und Schriftstellerin. 1992 wurde die Holocaust-Überlebende mit der Veröffentlichung ihrer Autobiografie *weiter leben* einem breiten Publikum bekannt. Klüger war 1942 als 11-Jährige in das KZ Theresienstadt und später nach Auschwitz deportiert worden. Kurz vor Kriegsende gelang ihr die Flucht aus einem Außenlager des KZ Groß-Gosen. 1946/47 absolvierte sie das „Notabitur" in Straubing und hörte Vorlesungen an der Philosophisch-theologischen Hochschule in Regensburg. 1947 emigrierte sie in die USA und studierte u. a. Germanistik in Berkeley/Kalifornien. Von 1966 bis 1992 war sie Professorin an verschiedenen amerikanischen Universitäten, zuletzt an der University of California/Irvine, ab 1988 auch Gastprofessorin in Göttingen. Ruth Klüger wurde mit vielen Literaturpreisen ausgezeichnet, darüber hinaus erhielt sie 2008 das Bundesverdienstkreuz erster Klasse.

Martin Walser (* 24. März 1927, Wasserburg/Bodensee) gehört zusammen mit Siegfried Lenz zu den Autoren, welche die Literatur der Bundesrepublik bis ins 21. Jh. mitgeprägt haben. 1949 begann er, Hörspiele zu schreiben, ab 1953 wurde er regelmäßig zu Treffen der „Gruppe 47" eingeladen. 1965 veröffentlichte er als Beobachter des Frankfurter Auschwitz-Prozesses den bis heute diskutierten Essay *Unser Auschwitz.* Sein erster Roman *Ehen in Philippsburg* (1957) war ein großer Erfolg. Den Durchbruch bedeutete schließlich der Bestseller *Ein fliehendes Pferd* (1978). Beide Bücher umkreisen Walsers Lieblingsthema: die unterhaltsame Spiegelung milieubedingter Beziehungskonflikte im Mief der bundesdeutschen Wohlstandsgesellschaft. Galt Walser in den 1960er Jahren noch als „links", so erwarb er sich später durch kritische Reden über die Teilung Deutschlands (1988) bzw. über die politische Aufarbeitung des Holocaust (1998) den medialen Ruf, „rechts" geworden zu sein. Zuletzt erschienen seine poetischen Reflexionen *Sprachlaub oder: Wahr ist, was schön ist* (2021).

PURE

Goliathhaus

Der Bau des Goliathhauses, einer imposanten frühgotischen Patrizierburg, erfolgte um 1260. Die Hausfront an der Goliathstraße ist auf dem Fundament der Mauer des Legionslagers erbaut. Es gilt als Stammhaus der Händlerfamilie der Thundorfer. Deren Angehöriger Bischof Leo (Amtszeit 1262–77) war die treibende Kraft hinter dem Dombau. Nach Umbauten 1300 und 1570 wurde das Haus 1897/98 entkernt. Das gewaltige Fassadengemälde *David und Goliath* erstellte Melchior Bocksberger um 1573. Es wurde mehrmals erneuert. Der Hausname geht wahrscheinlich auf fahrende Theologiestudenten, so genannte „Goliarden", zurück, die ab dem 12. Jh. in einem Vorgängerbau Unterkunft gefunden hatten. Ein weiteres markantes Element ist der bis zum Watmarkt durchgehende zinnengekrönte Hausturm. Nach dem Zweiten Weltkrieg wurden vorübergehend Flüchtlinge einquartiert. Zu den prominentesten gehörten Oskar Schindler und seine Frau Emilie, die durch Steven Spielbergs Film *Schindlers Liste* (1993) berühmt wurden. Ihre Verdienste um die Rettung von über 1.200 Juden werden auf einer Gedenktafel gewürdigt, die sich an der Hausseite am Watmarkt (Nr. 5) befindet. Wahrscheinlich war es das Goliathhaus, in dem Oskar Schindler 1946 den Filmagenten Leopold Pfefferberg traf, der ihn später zu einem eigenen Drehbuch inspirieren sollte, das allerdings nie als Film realisiert wurde.

Herberge der Retter – Emilie und Oskar Schindler im Goliathhaus

Auf ihrer Flucht aus Brünnlitz (Sudetenland) landeten die Schindlers im Mai 1945 zunächst in Konstanz. Ein Weiterkommen in die Schweiz scheiterte: „Nachdem ich den Sommer über apathisch in Konstanz blieb", so berichtet Oskar Schindler, „raffte ich meine restl. Energie zusammen und übersiedelte mit meiner Frau nach Bayern, da die Lebensverhältnisse in der franz. Zone recht schlecht waren." In dem Roman *Schindlers Liste* (1982) von Thomas Keneally heißt es, dass er mit seiner Frau nach München gegangen sei. Hauptwohnsitz war aber Regensburg, ab November 1945 im Goliathhaus, 1. Stock. Dies belegt ein Meldezettel im Archiv des Einwohnermeldeamtes. In die wenig zerstörte Domstadt hatte es auch seine Schwester Elli mit ihren drei Kindern sowie Emilies Bruder Franz verschlagen.

Schindler wollte ursprünglich seine frühere Fabrik in Brünnlitz umwandeln und Töpfe sowie Pfannen für das Nachkriegseuropa herstellen. Er ließ sich also möglicherweise wegen der Nähe zur tschechischen Grenze in Regensburg nieder. Eventuell träumte er sogar davon, in seine Heimat zurückzukehren. Doch spätestens die Vertreibung der Sudetendeutschen aus der Tschechoslowakei zerschlug diese Hoffnung. In Regensburg traf Schindler einen ehemaligen Häftling, der kurzzeitig in seiner Emaillewarenfabrik in Krakau gearbeitet hatte – Nathan Silberberg. Dieser bot ihm seine Wohnung in der Watmarktstraße 5 (Goliathhaus-Komplex) an. Einige Jahre später (1949) schrieb er ihm:

„Lieber Herr ... Schindler, ... wenn nur 10 % davon, was Sie mir erzählt haben, wahr ist, es schon genug ist, um Ihnen mein Herz zu öffnen ... Meine Wohnung und ich selber standen immer zu Ihrer Verfügung ... Ihre Geschichte ist so fantastisch, dass es ... nach dem, was ich durch Deutsche erlitten habe, unmöglich war zu glauben, dass es solch einen edlen, mutigen Deutschen geben könnte, der sein Leben für Juden eingesetzt und riskiert hat."

Der Schriftsteller und Journalist Silberberg war überzeugter Zionist und eng verbunden mit dem *Joint*, einer Hilfsorganisation amerikanischer Juden. Silberberg hatte die KZ Majdanek und Flossenbürg überlebt und war im September 1945 nach Regensburg gekommen. Hier erhielt er von der US-Militärregierung die Lizenz für die ab 1946 erscheinende jiddische Wochenzeitung *Der neue Moment.*

Gedenktafel an der Rückseite des Goliathhauses (Watmarkt 5)

Neben Nathan Silberberg traf Oskar Schindler in Regensburg auch Leopold Pfefferberg wieder, der der maßgebliche Wegbereiter des biografischen Hollywoodfilms *Schindlers Liste* werden sollte. Schindler hatte am 28. April Geburtstag. Pfefferbergs Ehefrau Ludmilla berichtete später, dass zu seiner Geburtstagsfeier 1946 in Regensburg „die Schindlerjuden aus der ganzen Gegend zusammenfanden". „Schindlerjuden" – so nannten sich die von Schindler Geretteten selbst; sie verstanden die Bezeichnung als eine Art Ehrentitel. Im Entnazifizierungsverfahren 1946 leugnete Schindler gegenüber der Regensburger Spruchkammer seine NSDAP-Parteizugehörigkeit, wie dem im Staatsarchiv Amberg verwahrten Meldebogen von Mai 1946 zu entnehmen ist.

Im September 1946 zogen die Schindlers innerhalb der Domstadt um. Emilie lobte die vom *Joint* vermittelte Wohnung in der Alten Nürnberger Straße (Nr. 25, rechte Gebäudehälfte):

„Mit ihren fünf Zimmern, der schönen Küche und dem großen Bad war sie weit mehr, als wir brauchten ... Bei uns wohnte ein Mädchen, das seine Eltern im Krieg verloren hatte: Anni ... Noch vor einigen Jahren schrieb sie mir einen Brief aus Regensburg ... Der Joint versorgte uns jeden Monat mit einem Verpflegungspaket, das wir jedes Mal ungeduldig aufrissen ... Mehl, Zigaretten, Kaffee, Tee und Zucker waren ... auf dem Schwarzmarkt Gold wert ... Zusätzlich bekamen wir ... einmal im Monat ... ein Care-Paket ..."

Über ihren Alltag in der Domstadt schreibt Emilie Schindler:

„Das Leben in Regensburg war nicht einfach für uns. Die Einheimischen waren neidisch auf die Zugereisten und Vertriebenen, die über Nahrungsmittel verfügten, an die sie ... nicht herankommen konnten ... Auf einem Spaziergang ging ... ein Fenster auf und jemand schüttete einen Eimer mit einer stinkenden Flüssigkeit über mir aus. Ein ... Kirchenmann ließ die Tür zu einem Bad zumauern, nachdem er erfahren hatte, dass wir es mit benutzten. Als wir einmal versuchten, ... Brot einzutauschen, bekamen wir zu hören, das frische Brot sei nur für Deutsche bestimmt."

Während der Regensburger Zeit der Schindlers geschah etwas, das auch zu *Schindlers Liste* in Bezug steht: Bei dem Ehepaar wohnten drei „Schindlerjuden". Diese und Schindler selbst enttarnten 1946/47 den in Deggendorf untergetauchten Brünnlitzer SS-Lagerkommandanten Josef Leipold, der 1948 zum Tode verurteilt wurde. Leipold war eine der späteren Filmfiguren. 1947 besuchte auch Schindlers Finanzexperte Abraham Bankier seine Retter in Regensburg. Bankiers Geschick als Kaufmann und als Schwarzmarkthändler verdankte Schindler die enormen finanziellen Mittel, um Hunderte von jüdischen Arbeitern einzustellen und zu retten. Bankier war eines von zwei realen Vorbildern für Ben Kingsleys Rolle als Itzhak Stern. Mit den Schindlers war auch Eva-Martha Kisza nach Regensburg gezogen. Die Tschechin hatte als Agentin für Schindler gearbeitet. Oskars Geliebte besorgte vor dem Angriff auf Polen eine polnische Uniform. Diese wurde zu Kriegsbeginn, am 1. September 1939, bei dem von der SS inszenierten „polnischen" Überfall auf den deutschen Sender Gleiwitz verwendet.

Oskar Schindler arbeitete 1947/48 in München für ein knappes Jahr als Importeur für Metallwaren und Maschinen im Büro der Jewish Agency for Palestine. In Regensburg selbst hatte er wohl nur einmal Chancen auf einen Arbeitsplatz: Man bot ihm die Verwaltung eines Parkhauses an. Da aber einer seiner Freunde andeutete, „eine Beschäftigung dieser Art sei ... unter der Würde des Herrn Direktor", nahm er Abstand davon.

Wegen seines Einsatzes für die Juden wurde Schindler in Regensburg angefeindet. Ein Grund: Einem Gerücht zufolge habe er Nachweise gesucht, wonach in der NS-Zeit Kirchenvertreter mit der Gestapo kollaboriert hätten. Die Gestapo sei etwa auf einen angeblichen Geheimgang zwischen Goliathhaus und Dom hingewiesen worden, in dem sich Juden versteckt haben könnten. Wegen dieser Nachforschungen seien den Schindlers Steine und faule Äpfel in ihre Fenster im ersten Stock am Watmarkt geworfen und die Hausfassade beschmiert worden. Ende 1948 schrieb Schindler einem englischen Gönner, dass dessen Briefe ein Mittel seien, seine „Weltuntergangsstimmung zu verscheuchen". Da sich wieder bedrohliche Wolken neuer Kriegsgefahr in Europa ausbreiten würden, kenne er nur den Entschluss, schnellstens aus Deutschland herauszukommen. Später bezeichnete Schindler diese Entscheidung als überstürzt und bereute sie. Im Frühjahr 1949 fuhr Schindler ohne Passierschein nach Paris zu einem Treffen mit 35 „Schindlerjuden". Im August ging es nach Genua. Am 3. November landete das Ehepaar per Schiff in Buenos Aires. Schindler war danach aber nochmals in Regensburg. Im Herbst 1964 bestätigte er dort einem Beamten, dass er und Emilie verheiratet sind.

Oskar Schindler skizziert das Drehbuch seines Lebens

Der Film *Schindlers Liste* (Produktionskosten 22 Mio. $) wurde ein Welterfolg. Er gewann 7 Oscars, u. a. für das beste adaptierte Drehbuch (Autor: Steven Zaillian), und spielte weltweit 321 Mio. $ ein (allein in Deutschland über 6 Mio. Kino-Besucher). Spielberg übergab seinen Gewinn in Höhe von 65 Mio. $ zwei von ihm gegründeten Stiftungen zur Förderung des jüdischen Lebens und zur Holocaust-Erinnerungsarbeit. Nahezu vergessen ist heute, dass Oskar Schindler selbst ein Drehbuch für ein ähnliches Filmprojekt entworfen hat. Der erwähnte Leopold Pfefferberg, der im April 1946 Schindler in Regensburg besucht hatte, brachte diesen auf die Idee zu einem Film. Aus diesem Grund schrieb Letzterer an den Regisseur Fritz Lang 1951 einen 14 Seiten langen Brief, in dem er die Rettung der Juden ausführlich schilderte. Langs Antwort lautete: „Lieber Herr Schindler, Sie haben eine faszinierende Geschichte, aber welcher Amerikaner würde einen Film über einen guten Deutschen drehen?“ Die Zeit war noch nicht reif.

Erst 1963 ging es weiter. Der mittlerweile sehr nah an der Herzkammer der Filmindustrie in Los Angeles wohnende und in Beverly Hills arbeitende Pfefferberg erzählte in seinem Ledergeschäft der Ehefrau des Filmproduzenten Martin Gosch von Schindlers Taten.

„Schindler, der sehr gut schreiben konnte, wurde aufgefordert, ein Drehbuch mit allen Informationen, Erlebnissen und wichtigen Inhalten zu verfassen. Daraus wurden 253 aussagekräftige Seiten. Kurz darauf wurde ein Vertrag ... mit Gosch im Auftrag von MGM unterzeichnet.“

Schindler, des Englischen nicht mächtig, war voller Hoffnung, als er erfahren hatte, dass bekannte Schauspieler wie Romy Schneider für die Rolle Emilies und Richard Burton für seine Rolle ausgesucht worden waren. Seine Enttäuschung war daher groß, als man das Filmprojekt auf Eis legte. In einem Brief an Pfefferberg bat er, ihm das fertige englischsprachige Drehbuch zu schicken: „Damit ich wenigstens etwas als Trophäe einer Illusion ... behalte.“ Das 130-seitige Filmskript *Until the last hour* von Gosch und Howard Koch fiel im Herbst 1965 bei MGM durch. Da es sehr von der Realität abwich, schickte man es Schindler nicht zu. Als Oskar Schindler starb, behielt Leopold Pfefferberg den Vertrag. Er und sein Anwalt Irving Glovin kauften MGM die Rechte ab. 1980 traf Pfefferberg (nun amerikanisiert „Page") in seinem Lederladen in Beverly Hills den Autor Thomas Keneally. Als sicher war, dass dieser das Buch schreiben würde, verkaufte Page seine Filmrechte an Glovin, der sie an die Universal Studios weitergab. Schindler aber, der Mann, der dreimal von der Gestapo verhaftet worden war und sein Vermögen eingesetzt hatte, um über 1.200 Juden zu retten, blieb im Abspann des Films als Quelle ungenannt. Die Weltpremiere von *Schindlers Liste* am 30. November 1993 in Washington D.C. besuchte neben US-Präsident Bill Clinton auch Emilie Schindler. Den Film fand sie „hervorragend": „Ich glaube, er hat alle Preise, die ihm verliehen wurden, völlig zu Recht erhalten."

Offen ist, wie Schindler selbst geurteilt hätte. In den 1960er Jahren fing er an, filmisch zu denken. Als Drehorte favorisierte er u. a. die Lager Flossenbürg und Dachau. In einem Brief vom 14.1.1965 an Moshe Bejski, einen „Schindlerjuden" und späteren Richter am Obersten Gerichtshof Israels, schilderte Schindler Szenen wie die zwei folgenden, die sich später im Film wiederfinden:

„Sollte Euch der eine oder andere Fall geringfügig erscheinen, so bitte ich, diese Fälle auch von der filmoptischen Seite mit Wirkung auf den Zuschauer zu prüfen ... Unfreiwilliges Ansehen anlässlich eines Sonntagsrittes zu Frau Handl, die auf dem Berg hinter dem Ghetto einen Neubau bewohnte, der Massenerschießung von Hunderten von Kindern innerhalb des Ghettos und deren Abtransport ... Ich war außerhalb der Ghettomauern keine 60 m von den Tatorten entfernt ... Augenzeuge. Auch dies ist ein Motivpunkt meiner inneren Wandlung ... Wohin ging der Transport ..., den ich trotz Gespött der SS-Führung ... durch die Lagerfeuerwehr ... nach stundenlanger Sonnenglut mit Wasser abspritzen ließ ... ich würde mich freuen, wenn ... einige Teilstücke zur Vervollständigung des Drehbuches beitragen würden."

Schindler wollte an der filmischen Umsetzung seines Lebenswerkes aktiv mitwirken. So schrieb er am 30. Dezember 1964: „Der ... Film soll den Drehbeginn Ende Jänner in London haben, nach einem Monat werden wir dann 3 Monate in Madrid die Außenaufnahmen unter meiner Mitarbeit und Beratung machen." Doch die Zeit war immer noch nicht reif. In einem Brief vom 7. Januar 1967 äußerte Schindler „ernste Zweifel, ob dieses auf historischen Tatsachen aufgebaute Drehbuch je zur Verfilmung kommt": „Der amerikanische Filmmarkt ist für KZ-Themen oder die Geschichte eines guten Deutschen schwer ansprechbar. Sollte diese Filmidee einmal realisiert werden, hätte ich eine Verdienstchance als technischer Berater während der Dreharbeiten." Es kam nicht mehr dazu. Oskar Schindler starb am 9. Oktober 1974. Mit 66 Jahren hörte sein Leben auf. Ein großes Leben.

Im Mai 1993 antwortete Moshe Bejski in Jerusalem auf die Frage eines der Filmproduzenten, was für ein Mensch Oskar Schindler überhaupt gewesen sei: „Schindler war nicht ganz normal. Wenn er normal gewesen wäre, hätte er nichts für uns getan!"

Oskar Schindler (* 28. April 1908, Zwittau/Sudetenland, † 9. Oktober 1974, Hildesheim) besuchte die Volks- und Realschule und arbeitete nach einer kaufmännisch-technischen Lehre in der Landmaschinen-Fabrik seines Vaters. 1929–36 war er Verkaufsleiter der Mährischen Elektrotechnischen AG in Brünn und 1936–39 deutscher Geheimagent unter Admiral Canaris. Im Februar 1939 wurde Schindler NSDAP-Mitglied und war von 1939–45 Direktor der Emaillewaren-Fabrik in Krakau, später in Brünnlitz. Durch mehrjährigen humanitären Einsatz inklusive Betriebsverlagerung rettete er über 1.200 Juden das Leben. 1945–49 lebte er in Regensburg und von 1949–57 erfolglos als Pelztierzüchter in Argentinien. Ab 1957 wohnte er in Frankfurt/Main und war dort (wiederum ohne Erfolg) u. a. tätig als Betonsteinwerk-Unternehmer. 1962 wurde er nominiert als „Gerechter der Nationen" (Ehrentitel Israels). Mitte der 1960er Jahre beteiligte er sich an der Entwicklung eines Drehbuches über die Rettungsaktion. 1965 erhielt er das Bundesverdienstkreuz 1. Klasse. Ab 1969 war er krankheitsbedingt Frührentner. Im September 1974 fiel er während einer Herz-OP ins Koma, aus dem er nicht mehr erwachte. Am 28.10.1974 war die Beisetzung in Anwesenheit von 400 „Schindlerjuden" und ihren Familien auf dem Friedhof der Franziskaner auf dem Berg Zion in Jerusalem.

Emilie Schindler, geborene Pelzl (* 22. Oktober 1907, Alt-Moletein/Mähren, † 5. Oktober 2001, Strausberg bei Berlin) heiratete Oskar Schindler 1928. Sie war maßgeblich an der Rettungsaktion beteiligt und begleitete ihren Ehemann bis 1957. Danach lebte sie ohne ihn in Argentinien, wo sie Spenden von jüdischen Organisationen erhielt. Filmagent Pfefferberg (s. o.) verschwieg gegenüber Regisseur Spielberg, dass Schindlers Ehefrau noch lebte. So wurde Emilie im Mai 1993 als Überlebende, nicht als Mit-Retterin zum Dreh-Abschluss von *Schindlers Liste* nach Jerusalem eingeladen. Sie wirkte in der letzten Szene des Films mit. Vom Staat Israel erhielt Emilie im Juni 1993 für sich und Oskar Schindler offiziell den Ehrentitel „Gerechte der Nationen". 1994 bekam sie das Bundesverdienstkreuz. Emilie Schindler wurde in Waldkraiburg/Bayern beigesetzt.

Altes Rathaus

Das Alte Rathaus beherbergte so etwas wie das „erste deutsche Parlament". Von 1663 bis 1806 tagte hier – im Reichssaal – der Immerwährende Reichstag des Heiligen Römischen Reiches deutscher Nation. Schon seit 1594 waren Reichstage, die gesetzgebende Versammlung deutscher Fürsten bzw. deren Gesandten sowie den Vertretern der Reichsstädte, stets nach Regensburg vergeben worden. Als Stellvertreter des Kaisers auf dem Immerwährenden Reichstag amtierte seit 1748 der Fürst von Thurn und Taxis. Der 1363 erbaute Reichssaal selbst mit dem zentralen Erker und einem um 1410 ergänzten Portal zählt zu den bedeutendsten gotischen Profanbauten in Deutschland. Der Bau der Gesamtanlage des Alten Rathauses mit dem 55 Meter hohen Turm geht bis auf die Zeit um 1245 zurück, als der Stauferkaiser Friedrich II. Regensburg die Privilegien einer Freien Reichsstadt verlieh, die nur dem Kaiser unterstellt war. Im Keller des Rathauses befindet sich eine historische „Fragstatt" (Folterkammer), ein schauriges Relikt vormoderner Gerichtsbarkeit, das von 1553 bis 1770 in Gebrauch war und in Thomas Manns Roman *Der Zauberberg* Eingang fand. Der Reichssaal ist heute für Veranstaltungen öffentlich zugänglich. 1992 fand hier die Verleihung des Kleist-Preises statt. In der Ladenzeile unter dem Reichssaal befand sich jene Buchhandlung, in der 1786 Goethes Inkognito, das er auf seinem Weg nach Italien benutzte, aufgeflogen war.

Symbol des „Einst“

„Ruhm und Glanz einer vergangenen Zeit“, so könnte man Claudio Magris‘ Gedanken über Regensburg überschreiben, die er in seinem hierzulande wohl bekanntesten Werk, *Donau, Biographie eines Flusses* (1988), formuliert hat. Der Triestiner beschreibt auf dem Weg über die Steinerne Brücke mit Blick auf die Regensburger Altstadt im Grunde die Aura so vieler historischer Städte, wo nicht nur heute, sondern schon seit Jahrhunderten im Modus des *„einst“* gesprochen wird: Die „Lobsprüche“ auf Regensburg füllten Bibliotheken, schreibt Magris, sie „beziehen sich jedoch immer auf den Ruhm und Glanz einer vergangenen Zeit“: Das Alte Rathaus ist sichtbares Symbol dieses „Einst“, auf das man auch in Regensburg stolz ist, ohne es wirklich zu vermissen.

„… ‚einst‘ sagt bereits Kaiser Maximilian. Die Kirchen, die Türme, die Patrizierhäuser, die Skulpturen sprechen von einer majestätischen Vergangenheit, von einer Blütezeit, deren man sich nur noch erinnern, aber niemals habhaft werden kann, die immer schon vergangen und niemals Gegenwart ist.
Die Nostalgie der Epigonen wacht über die Reste einer Vergangenheit, die ihrerseits die Reliquien und Erinnerungen einer noch früheren Epoche kultivierte. „Die Stadt ist altmodisch und platt, der Senat spricht im Tone des 15. Jahrhunderts“, schrieb Johann Andreas Schmeller im Jahre 1802, doch bereits im 15. Jahrhundert trauerte man dem verlorenen Glanz früherer Zeiten nach. Vielleicht ist Regensburg auch deshalb – und nicht nur seiner Türme wegen – mit Prag verglichen worden, der Goldenen Stadt, die ebenfalls stets und ausschließlich aus der Erinnerung an entschwundene Glanz- und Ruhmeszeiten zu bestehen scheint …*
Seit 1663 Sitz des immerwährenden Reichstags ist Regensburg ein Zentrum des Heiligen Römischen Reiches; vielleicht auch deshalb entsteht die Stadt unter dem Zeichen nostalgischer Rückwendung zur Vergangenheit, denn das Heilige Römische Reich ist in seinem innersten Wesen von Beginn an der Reflex vergangener Größe gewesen, der Traum, diese wiedererstehen zu lassen und mit neuem Glanz zu erfüllen, ‚translatio‘ und ‚renovatio‘ des Römischen Reiches, das es nicht mehr gibt …“

* Johann Andreas Schmeller (1785–1852), Begründer des *Bayerischen Wörterbuchs* (4 Bde., 1827–37)

Claudio Magris (* 10. April 1939, Triest) ist ein italienischer Schriftsteller und emeritierter Germanistikprofessor der Universität seiner Heimatstadt Triest. Er zählt zu den bedeutendsten italienischsprachigen Autoren der Gegenwart und beschäftigt sich insbesondere mit der Literatur des Habsburgerreiches. Von diesem Interessensbereich inspiriert sind auch seine eigenen literarisch-kulturgeschichtlichen Texte, allen voran *Donau. Biographie eines Flusses* (1988). Magris folgt darin dem Lauf der Donau und erzählt Geschichten aus der untergegangenen Ära einer durch diesen Fluss gleichsam zusammengehaltenen Vielvölkerkultur. 2018 wurde Magris die Ehrendoktorwürde der Universität Regensburg verliehen.

Thomas Bernhard erhält einen Preis und verbringt „einen schönen Tag in der schrecklichen Stadt"

Am 19. September 1967 erhielt Thomas Bernhard (1931–1989) im Reichsaal zu Regensburg zusammen mit Elisabeth Borchers (1926–2013) eine „Ehrengabe des Kulturkreises des Bundesverbandes der Deutschen Industrie". Der damals 36-jährige Autor hatte gerade seinen zweiten Roman, *Verstörung* (1967), veröffentlicht, in dem der herz- und lungenkranke Österreicher die Welt in depressiv-nihilistischer Manier als groteske „Sterbensgemeinschaft" interpretiert. Regensburg, zu dieser Zeit noch ganz „die alte graue Stadt", wie sie Bergengruen einst genannt hatte, wurde für ihn zu einer beklemmenden Erfahrung. Er fand Regensburg in seiner rußgeschwärzten Gotik schlicht „abstoßend". Durchhalten ließen ihn das Preisgeld und die Gegenwart seiner Schriftstellerkollegin Borchers. Bernhard, der gerade einen Aufenthalt in einem Wiener Klinikum hinter sich gebracht hatte, widmete der Stadt eine seiner legendären Städtebeschimpfungen. Überliefert in dem postum herausgegebenen Band *Meine Preise* (2009) ist eine Szene, die eines seiner Lieblingsmotive widerspiegelt – nämlich die unfreiwillig komischen Unzulänglichkeiten des Kulturbetriebs bloßzustellen:

„Die Stadt gefiel mir nicht, sie ist kalt und abstoßend und hätte ich nicht die Borchers gehabt und die achttausend Mark in Aussicht, ich wäre wahrscheinlich in der ersten Stunde wieder abgefahren. Wie hasse ich diese mittelgroßen Städte mit ihren berühmten Baudenkmälern, von welchen sich ihre Bewohner lebenslänglich verunstalten lassen. Kirchen und Gassen, in welchen immer stumpfsinniger werdende Men-

Der Reichssaal – das sogenannte erste deutsche Parlament

schen dahinvegetieren. Salzburg, Augsburg, Regensburg, Würzburg, ich hasse sie alle, weil in ihnen jahrhundertelang der Stumpfsinn warmgestellt ist. Aber ich dachte immer wieder an die achttausend Mark ... So ließ ich den Morgen der feierlichen Überreichung der Ehrengabe des Kulturkreises des Bundesverbandes der Deutschen Industrie (ich bemühe mich naturgemäß immer um den ganzen korrekten Titel) an mich herankommen. Herr de le Roi holte mich und Frau Borchers ab und wir gingen in das Rathaus, das als eines der kostbarsten der deutschen Gotik gilt. Mich drohte es zu erdrücken und zu ersticken, wie ich eintrat, aber ich sagte mir, Mut, Mut, immer nur Mut, mache alles, was jetzt mit dir geschieht, mit und nehme den Scheck über achttausend Mark an dich und verschwinde ... Die Ehrengäste drohten den Rathausfestsaal zur Explosion zu bringen. Ich konnte kaum atmen. Ich drohte in dieser Festsaalluft zu ersticken. Alles war voller Schweiß und Würde. Aber wir hatten so viel gelacht am Vorabend, dachte ich, die Frau Borchers und ich, das allein war es wert gewesen. Und dazu jetzt auch noch die achttausend Mark! Gleich ist der ganze Zauber vorbei und wir bekommen den Scheck in die Hand!, dachte ich ... Und dann kam auch schon, wie mir in Erinnerung ist, völlig überraschend, der entscheidende Augenblick. Der Präsident von Bohlen und Halbach betrat das Podium und las von einem Zettel Folgendes ab: ‚... und hiermit überreicht der Bundesverband der Deutschen Industrie die Ehrengaben neunzehnhundertsiebenundsechzig an Frau Bernhard und Herrn Borchers!' Meine Nachbarin zuckte zusammen, das merkte ich. Sie hatte doch eine Schrecksekunde. Ich drückte ihre Hand und sagte, sie solle nur an den Scheck denken, ob Herr Borchers und Frau Bernhard oder Herr Bernhard und Frau Borchers, was der Tatsache entsprach, sei gleichgültig. Frau Borchers und ich stiegen auf das Podium des Regensburger Rathauses, in welchem kein Mensch außer den Betroffenen und vielleicht doch noch Herr de le Roi und Herr Bender* den Irrtum des*

Herrn von Bohlen und Halbach bemerkt hatten und nahmen jeweils einen Scheck über achttausend Mark in Empfang. Wir verbrachten noch einen schönen Tag in der schrecklichen Stadt und ich reiste nach Wien zurück, wo ich bei meiner Tante gut aufgehoben war …"

Vielleicht haben Thomas Bernhards Erinnerung an diesen Tag und die ersehnten 8000 Mark dazu beigetragen, dass es Regensburg erspart geblieben ist, in Bernhards Komödie *Die Macht der Gewohnheit* (1974) zum Inbegriff eines kleingeistigen Provinznestes zu werden, wie er es ursprünglich noch in Betracht gezogen hatte. Diese literarische Würdigung wurde schließlich der Stadt Augsburg zuteil. Regensburg kam dafür an anderer Stelle zu (zweifelhaften) Ehren: In Bernhards satirischem Stück *Über allen Gipfeln ist Ruh* (1981) lautet das Mantra eines der Lächerlichkeit preisgegebenen Großschriftstellers, er sei „in Regensburg" zum Dichter geworden – dieses Berufungserlebnis hatte allerdings nicht im Alten Rathaus stattgefunden, sondern unter dem Gewölbe des gotischen Doms.

* Rudolf de le Roi, damals Sprecher des Kulturkreises des Bundesverbandes der Deutschen Industrie. Hans Bender (1919–2015), Schriftsteller und Mitbegründer der Literaturzeitschrift *Akzente*.

Thomas Bernhard (* 9. Februar 1931, Heerlen, † 12. Februar 1989, Gmunden), wohl zugleich der bedeutendste und umstrittenste österreichische Schriftsteller der zweiten Hälfte des 20. Jhs., wurde in den Niederlanden geboren, wo seine Mutter als Haushaltshilfe arbeitete. Seinen Vater, einen Tischler aus Henndorf im Salzburger Land, sollte Bernhard nie kennenlernen. Er wuchs bei seinem Großvater Johannes Freumbichler, einem österreichischen Heimatschriftsteller, im Raum Salzburg auf. Am Mozarteum nahm er Unterricht in Schauspiel und Dramaturgie. Aus Bernhard wurde gewissermaßen ein österreichischer „Anti-Nationaldichter": Nach traumatischen Erfahrungen (u. a. in NS-Erziehungsanstalten) diente ihm „Heimat" als Brennspiegel von Hinfälligkeit und Hoffnungslosigkeit. Seine virtuosen Tiraden zeigen den von einer tuberkulösen Erkrankung gezeichneten Lyriker, Erzähler und Dramatiker als einen der sprachgewaltigsten deutschsprachigen Autoren seit 1945. Berühmte Stücke wie *Der Theatermacher* (1984) und *Heldenplatz* (1988) zelebrieren zwei seiner bevorzugten Themen: die Tragikomik von Künstlern und anderen Außenseitern sowie die Verlogenheit der besseren österreichischen Gesellschaft.

FRANZ. SPEISEN
HOTEL
Café
Patisserie

Restaurant und Hotel *Orphée*

In der Unteren Bachgasse, benannt nach einem seit 1837 unterirdisch fließenden Bach, findet sich ein Lokal, das es zu literarischen Ehren gebracht hat: das *Orphée*. Auf den ersten Blick wirkt es wie ein stilechtes französisches Restaurant, auf den zweiten Blick erkennt man eine zu einem Gesamtkunstwerk verschmolzene kuriose Stilmischung: Außen stattlicher Barock, getarnt durch eine Bistro-Markise, im Innern die dunkle Holzvertäfelung einer altbayerischen Schankstube, die u. a. auch einmal dem Haus Thurn und Taxis gehört hat, darüber einige alte französische Plakate, Marmortische aus einem Stuttgarter Kasino, Kaffeehausstühle und -sessel aus einem Kurhotel, somit halb Wiener Kaffeehaus oder Beisel, halb französisches Bistro. Das *Orphée* wurde 1977 als alternative Kneipe eröffnet und 1994 zum Hotel-Restaurant erweitert – nostalgisches Ambiente in Zimmern im französischen Landhaus-Stil und massiven mittelalterlichen Dach-Balken inklusive. Touristisch empfehlenswert ist auch ein Besuch auf der Damentoilette, dort kann man auf einen Brunnen aus der Römerzeit hinabschauen.

Wim Wenders' Hommage an Regensburg und das *Orphée*

Unter den vielen Autoren, Schauspielern und anderen illustren Gästen, die das *Orphée* besucht haben, war auch der Regisseur und Drehbuchautor Wim Wenders. Regensburg zählt zu den Lieblingsstädten des Filmemachers. Hier präsentierte er u. a. 2005 den Spielfilm *Don't come knocking*, 2011 dann *Pina*, eine Hommage an die Choreografin Pina Bausch, und 2018 seine Dokumentation *Papst Franziskus – ein Mann seines Wortes* (jeweils im *Regina*-Kino im Stadtteil Reinhausen). Das *Orphée* gehört erklärtermaßen zu seinen Lieblingslokalen. Das hat er in einem Prosagedicht bekannt, in dem er seine Impressionen festgehalten hat. Darin ist nicht nur das *Orphée*, sondern auch die Stadt, die es beherbergt, poetisch verewigt. Das *Orphée* steht hier stellvertretend für ein „Lebensgefühl" in Regensburg, „einer traumhaften italienischen Stadt, aber eben nicht in der Toskana, sondern an der Donau". Eine Einladung zum Staunen:

Es gibt ein paar berühmte klassische Kaffeehäuser in der Welt.
Wenn Sie je eines besucht haben,
kennen Sie das einzigartige Gefühl,
dort zu sitzen, Zeitung zu lesen,
einfach nur aus dem Fenster zu schauen
und die Passanten zu beobachten,
dabei den Frühstückskaffee zu schlürfen,
oder ein letztes Glas Wein am Abend zu trinken ...
Nirgendwo ist das Innehalten und süße Nichtstun angenehmer.
Ein bestimmtes Lebensgefühl ist untrennbar mit diesen Orten verbunden:
Eine Leichtigkeit des Seins,
aber eine, die mit einer gewissen Reflektion und Kontemplation einhergeht,
mitten in der Welt und doch außen vor.

Solche Kaffeehäuser gibt es in all den großen Städten,
die zum Flanieren einladen:
das Deux Magots in Paris.
das Einstein in Berlin.
das Hawelka in Wien.

das Balthazar in Soho.
das Caffé Roma in San Francisco, usw. ...

Wer würde erwarten,
in einer verhältnismäßig kleinen süddeutschen Stadt,
beim Schlendern durch die Altstadt,
auf genau so ein Café zu stoßen,
das sich mit den oben genannten durchaus messen kann.
Doch das gibt es: es ist das Orphée in Regensburg.
Sie müssen bloß die Untere Bachgasse hoch laufen,
dann können Sie es gar nicht verpassen!
Das Orphée ist einfach unverkennbar.
Sie denken, ich übertreibe jetzt? Oh nein!
Als ich mich da zum ersten Mal hineingesetzt habe,
habe ich auch erst mal nur ungläubig um mich geschaut.
Ein Déja Vu?
Wo war ich?
War ich hier nicht schon mal vorher gewesen?
Ich fühlte mich vom ersten Moment an zu Hause,
als ob ich schon Stammgast sei.
(Sogleich wissend, dass ich es unvermeidlich würde ...)
Das waren die Thonet Wiener Kaffeehaus-Stühle und -Tische,
das waren die Spiegel,
die holzvertäfelten Wände,
die alten französischen Plakate,
die Tageszeitungen in den altmodischen Klemmhaltern ...
Aber vertraut war auch die Art und Weise, wie der Ober an den Tisch trat, die weiße Schürze
umgebunden,
und gleich danach war es auch die Speisekarte,
dann erst recht der Kaffee, den ich dann bestellt habe,
oder am Abend, an dem ich natürlich gleich wiedergekommen war,
die abendliche Speise- und Weinkarte.
(ja, meinen Lieblingswein aus dem Burgund gab es auch,
wie selbstverständlich!)

Aber die Vertrautheit konnte nicht an einer Einzelheit ausgemacht werden.
Es war alles zugleich,
auch das Licht,

und auch der Geruch
und die Geräusche.
Es war, wie die Zeit hier verging.

Wie oft ich seitdem ins Orphée zurückgekehrt bin, weiß ich nicht.
(Kennen Sie das, wenn man schon beim Beschreiben Heimweh bekommt?)
Und irgendwann gehörte zum Kaffeehaus und Restaurant
dann auch ein wunderbares kleines Hotel,
das dem Ruf des Hauses in keiner Weise nachstand.

Und natürlich gibt es so einen Ort nicht ganz von allein.
Da gehört auch eine Stadt dazu,
die so ein Lebensgefühl möglich macht.
Wenn Sie Regensburg kennen, brauche ich Ihnen nichts zu erzählen …
Wenn sie die Stadt nicht kennen,
machen Sie sich auf ein kleines Wunder gefasst,
auf eine traumhafte italienische Stadt,
(die Altstadt ist Unesco Welterbe)
aber eben nicht in der Toskana,
sondern an der Donau.

Wenn Sie dann das erste Mal durch Regensburg ziehen,
schließlich kein Bein mehr vors andere kriegen,
schon stundenlang herumgewandert
und aus dem Staunen nicht mehr herausgekommen sind,
dann wissen Sie ja jetzt, wo Sie sich ausruhen können.

Nirgendwo scheint das Nichtstun angenehmer ...

Wim Wenders (* 14. August 1945, Düsseldorf) wurde als 20-Jähriger in Paris zum „Cineasten", als er auf der Flucht vor seiner kalten Studentenbude ganze Tage im Kino verbrachte. Heute gehört er zu den weltweit bekanntesten deutschen Filmemachern. Mit Rainer Werner Fassbinder, Werner Herzog oder Volker Schlöndorff zählt er zu den Protagonisten des gesellschaftskritischen Neuen Deutschen Films. Als sogenannter Autorenfilmer führt er als Drehbuchautor zugleich Regie. International bekannt wurde Wenders u. a. durch Verfilmungen von Texten bzw. Vorlagen Peter Handkes (*1942) wie *Die Angst des Tormanns beim Elfmeter* (1971) und *Der Himmel über Berlin* (1987). 1982 erhielt er für den hollywood-kritischen Film *Der Stand der Dinge* (1982) den Goldenen Löwen der Filmfestspiele von Venedig. Sein Roadmovie *Paris, Texas* (1984) wurde auf den Filmfestspielen in Cannes mit der Goldenen Palme ausgezeichnet. Auch als Dokumentarfilmer ist Wenders vielfach ausgezeichnet worden: Sein Porträt von Altmeistern afro-kubanischer Musik, *Buena Vista Social Club* (1999, Fortsetzung: *Adios*, 2017), brachte ihm den Europäischen Filmpreis sowie eine Oscar-Nominierung ein.

IHS

Ehemalige Klosterkirche St. Emmeram

Hier betritt man abendländischen Boden: St. Emmeram ist die in ihren Ursprüngen im 8. Jh. auf Vorgängerbauten errichtete Kirche der gleichnamigen Reichsabtei. Weitere wichtige Bauphasen in der Geschichte der dreischiffigen Basilika sind die Hinzufügung eines westlichen Querschiffs in der Mitte des 11. Jhs. sowie die Umgestaltung des Kircheninneren im Stil des Spätbarock durch die Brüder Asam. Von großer Bedeutung sind auch die drei zwischen dem 8. und dem 11. Jh. entstandenen mittelalterlichen Krypten unter dem Kirchenraum. Der freistehende Glockenturm, der Vorhof mit Grabdenkmälern, darunter die Grabplatte des bayerischen Geschichtsschreibers Johannes Turmair (genannt Aventinus), sowie die romanische Vorhalle mit Freskenresten, Skulpturen, Grabmälern und dem Hauptportal der Kirche tragen zur malerischen Wirkung des Gesamtbildes bei. Im Bereich der Vorhalle befand sich auch eine im 9. Jh. errichtete karolingische Kaiserpfalz. Seit 1964 darf sich das über 1000 Jahre alte Gotteshaus mit dem Ehrentitel „Päpstliche Basilika" schmücken. – 1812 gingen die Klostergebäude (außer der Kirche) infolge der Säkularisation an das Fürstenhaus Thurn und Taxis über. Durch mehrere Umbauten und Erweiterungen im Stil des Historismus wurde das ehemalige Kloster in ein repräsentatives Schloss umgewandelt. Schloss und Kirche verbindet bis heute der Kreuzgang, ein wahres „Wunderwerk", dessen filigrane Gewölbe die illusionäre Schwerelosigkeit der Gotik erfahrbar machen.

Im Vorhof des Paradieses – ein Rundgang durch die Basilika St. Emmeram

St. Emmeram gilt als einer der „magischen“ Orte der Stadt. Wer durch das gotische Figurenportal am Emmeramsplatz schreitet, betritt gewissermaßen heiligen Boden. Die rund 1400 Jahre alte Basilika gründet auf den Mauern der ältesten Kirche der Stadt, St. Georg, die wohl bereits im 7. Jh. erbaut worden war. Mit der Klosterkirche wurde nicht nur der erste Bischofssitz der Stadt, sondern auch ein religiöses, wissenschaftliches und kulturelles Zentrum von mitteleuropäischem Rang errichtet.

Die Blütezeit St. Emmerams ist lange vorbei, doch der Zauber dieses Ortes ist noch auf Schritt und Tritt spürbar – „die Vorstellung, dass da etwas sein müsse, das über den Lebensdampf des Alltags hinausragt, ist so wirksam wie einst“ (Hermann Lenz; s. S. 56). Auch Ricarda Huch (s. S. 54) hat versucht, diese Wirkung in Worte zu fassen. Ein Hauch von Transzendenz erfasst den Besucher bereits im Vorhof der Kirche:

„Vielleicht gibt es keinen Fleck in Regensburg, der das Gemüt des Besuchers so ergreift, wie der Vorhof und die Vorhalle der Emmeramskirche. Die niedrige Mauer des Vorhofs, über die das volle Grün von Baumzweigen hereinhängt, und an der eine Galerie von zierlichen romanischen Säulen zwischen höheren Pfeilern sich hinzieht, geleitet uns zum Eingang der Halle. Vom Giebel darüber leuchtet die Farbigkeit eines Freskogemäldes sanft in das Licht des Tages. Von den Grabsteinen, die längs der Halle aufgerichtet sind, geht überirdischer Friede aus: wir werden selbst die Verklärten, die, aus Gräbern geweckt, wie die Träumenden in das ewige Paradies eingehen. Hier befindet sich der Grabstein des bayrischen Geschichtsforschers Aventin, der im Jahre 1534 in Regensburg starb … Alle Denkmale überragt die große Kreuzigungsgruppe, die der Reichsmünzmeister Martin Lerch zur Sühne eines begangenen Frevels stiftete.“***

* Aventinus (1477–1534), eigentlich Johann Georg Turmair, gilt als Begründer der bayer. Geschichtsschreibung.

** Martin Lerch († 1538) ließ dieses Sühnekreuz 1513 errichten, da er seinen Knecht erschlagen hatte.

„Emporfliegende Pfeiler": Barocke Illusionskunst der Brüder Asam

Ricarda Huch hat Recht: Der Vorhof von St. Emmeram ist ein besonderer Ort. Steigt man von der Altstadt kommend die Stufen hinauf und durchschreitet das durch seine gotischen Arkaden hervorstechende Außentor – die Portalwand stellt das Fragment einer unvollendeten Torhalle dar – so fühlt man sich zurückversetzt in eine vergangene Welt. Auf dem Weg zur Kirche fällt an der rechten Mauer zunächst das Grabmal des bärtigen Aventinus auf, danach die Kreuzigungsgruppe; weitere Grabsteine in Vorhof und Vorhalle laden dazu ein, sich bei der Entzifferung ihrer deutschen, lateinischen oder auch französischen Inschriften zu verlieren. Die Vorhalle selbst ist pures Mittelalter, Romanik, und besticht durch ihre Freskenreste und vor allem durch die zwischen und neben den Türen des Doppelportals angebrachten Reliefs Christi und der Heiligen Emmeram und Dionysius.

Tritt man von dort in die Kirche selbst und wendet sich dann nach links, so staunt man zunächst über die Helligkeit des Innenraums, dessen Umgestaltung durch die Großmeister des süddeutschen Barock erfolgte: die Brüder Asam, Cosmas Damian (1686–1739) und Egid Quirin (1692–1750). Dieser Gegensatz fiel auch dem Aufklärer Friedrich Nicolai (1733–1811) auf, der „die berühmte Abtei St. Emmeram" im Rahmen seines Aufenthaltes in Regensburg 1781 aufsuchte:

„Der Kontrast ist sonderbar, wenn man über den feierlichen Kirchhof durch die dunkle Halle ... in die Kirche tritt. Sie ist sehr hoch, schön, hell, ganz modern aufgeputzt, mit vielen sehr verzierten Altären, mit großen Gemälden, mit prächtigen Deckenstücken angefüllt ..."

Wenige Jahre später stimmt Ernst Moritz Arndt dieser Einsicht nicht nur zu, sondern er überbietet sie nachgerade: „Diese Kirche ist bei weitem die prachtvollste in Regensburg, schön gewölbt, mit leichten emporfliegenden Pfeilern."

Bei genauerem Hinsehen zeigt sich freilich, dass die Pfeiler, dem ursprünglichen gedrungenen romanischen Baukörper entsprechend, so hoch gar nicht emporfliegen, sondern dass sich dieser Eindruck vielmehr einstellt, weil die Baumeister des 18. Jhs. die Pfeiler geschickt durch Pilaster verlängert haben, die fast bis an die Höhe der Fenster hinaufreichen. Und in der Tat: Wer es nicht bei einem ersten (wenngleich prächtigen) Eindruck belassen will, sollte sich die Zeit nehmen, im Inneren der Kirche auf Entdeckungsreise zu gehen. Der Stuck im Hauptschiff ist von Egid Quirin Asam, darunter die Figur des lässig auf die Brüstung des hintersten Nordfensters gelehnten „letzten Mönches", der in Wirklichkeit nicht der letzte war, sondern vielmehr der für den Umbau verantwortliche spätere Fürstabt Johann Baptist Kraus (1700–1762). Die Deckengemälde stammen von Cosmas Damian Asam und zeigen Szenen aus dem Leben des Hl. Benedikt und der sagenhaften Geschichte des Klosters, und auch die Figuren unterhalb der Fenster stellen Heilige und Selige dar, denen für den Benediktinerorden und St. Emmeram besondere Bedeutung zukam. Auf dem barocken Gemälde des Hochaltars ist das Martyrium des Heiligen Emmeram († um 652) dargestellt, dessen Leichnam 740 in die Krypta der neuerbauten Abteikirche St. Emmeram überführt wurde. Über der Darstellung des gemarterten Heiligen auf dem Altarbild schwebt eine imposante Marienskulptur.

Im linken Seitenschiff springt sofort das Gnadenbild aus der ersten Hälfte des 15. Jhs. ins Auge, ein Tafelbild, auf dem eine stillende Maria (Maria lactans) dargestellt ist. Ein paar Schritte weiter vorne befindet sich das mutmaßliche Grabmal der Hemma, der 876 verstorbenen Gemahlin des ostfränkischen Königs Ludwigs des Deutschen. Die Plastizität der erst im 13. Jh. angefertigten Grabplatte und die individuelle, emotionale Gestaltung der Gesichtszüge der Verstorbenen erinnern von ferne an die Uta-Figur im Naumburger Dom. Auf der gegenüberliegenden Seite, im rechten Seitenschiff, passiert man zunächst den spätbarocken Benedictus-Altar mit einem geheimnisvollen, archaisch wirkenden Christustorso, das Hochgrab des Heiligen Wolfgang, von 972 bis zu seinem Tode 994 Bischof von Regensburg, und danach den Wolfgangsaltar aus dem 17. Jh. So bedeutend diese Sakralwerke auch sind, literarisch bedeutsam ist vielleicht ein anderer Ort in der Kirche ...

Inspiration für die Zauberflöte? Drachentöter mit drei kleinen Engeln über dem Georgsaltar

Der Georgsaltar – ein Vorbild für die Zauberflöte?

Vor und in der Apsis des rechten Seitenschiffes trifft man dann, in zum Teil barockisierter Umgebung, auf das Hochgrab des Heiligen Emmeram und auf ein spätromanisches Kruzifix, das den Mittelpunkt des Kreuzaltars bildet, und schließlich auf den Georgsaltar (seitlich rechts neben dem Hauptchor). Mit dem Georgschor selbst ist eine literar- und musikhistorische Anekdote verbunden, die wie so viele Künstleranekdoten fast zu schön ist, um wahr zu sein: Das Deckengemälde über dem Georgsaltar soll Emanuel Schikaneder (1751–1812) zu seinem Libretto für Mozarts *Zauberflöte* inspiriert haben. Mit etwas gutem Willen kann man in der Figur des „Drachentöters" Sankt Georg ein Vorbild für den Helden Tamino sehen, der zu Beginn der Zauberflöte eine ungeheure Schlange töten muss. Und die drei Putti, die das Gemälde zieren, könnte man für die Vorbilder der drei Genien halten, die Tamino auf seinem Weg „zum Ziele" begleiten.

Schikaneder könnte das Gemälde tatsächlich gekannt haben – von 1787 bis 1789 war der in Regensburg aufgewachsene Impresario Direktor des Fürstlich-Reichsstädtischen Hoftheaters, ehe er sich unter unrühmlichen Umständen nach Wien absetzte. 1791 führte er dort die *Zauberflöte* auf und Schikaneder, der ehemalige „Domspatz", glänzte selbst in der Rolle des Vogelfängers Papageno. Sein damaliger Dienstherr in Regensburg, der Fürst von Thurn und Taxis, Prinzipalkommissar des Immerwährenden Reichstags, residierte gegenüber der Emmeramskirche. Das Theatergebäude, das reichsstädtische Ballhaus, befand sich unweit davon auf dem Ägidienplatz (Gedenktafel am Nachfolgebau Nr. 7).

Der Hinweis auf den Georgschor mit seinen kleinen Engeln ergibt allerdings erst dann Sinn, wenn man in Betracht zieht, dass es weitere Parallelen zwischen Schikaneders Regensburger Umfeld und der *Zauberflöte* gibt. Das gilt vor allem für den Fürsten Anselm von Thurn und Taxis, der als Freimaurer und Fürst zugleich wohltätig nach außen und autokratisch nach innen agierte wie der Priester Sarastro in der *Zauberflöte.* Die Rachelust der Königin der Nacht erinnert schließlich an Fürst Anselms Gemahlin Augusta, die wie in der Oper – aus Rache – einen Mordanschlag auf ihren Mann verübte, der sie durch Liebesaffären in die Umnachtung getrieben haben soll.

Wo „der Geist der Erzählung“ die Glocken läuten ließ

Von den Apsiden der beiden Seitenschiffe aus ist nun der Abstieg ins Mittelalter möglich, d. h. in die beiden Krypten, nämlich die Ringkrypta mit dem Grab des Heiligen Emmeram und die daran anschließende, im 18. Jh. umgestaltete Ramwold-Krypta mit dem Grab des Seligen Ramwold, des tatkräftigen ersten unabhängigen Abtes (davor war der jeweilige Bischof von Regensburg zugleich Abt von St. Emmeram gewesen). Ramwold gilt als der eigentliche Begründer der überragenden kulturellen Bedeutung des Klosters. Eine weitere bedeutende Krypta liegt auf der gegenüberliegenden, hinteren Seite der Kirche unter dem Westbau (der zwar später als der Kernbau der Kirche errichtet wurde, heute aber archaischer wirkt, weil er im 18. Jh. keiner größeren Umgestaltung unterzogen worden ist). Diese Krypta birgt heute den Wolfgangsschrein mit den Reliquien des Heiligen. Dort befindet sich auch der sogenannte Heinrichsstuhl, ein steinerner Thronsessel aus dem 10. Jh. (Kaiser Heinrich II. war ein Schüler Wolfgangs).

Doch die Reichsabtei St. Emmeram war weitaus mehr als nur die heutige Kirche. Friedrich Nicolai unterstreicht: „Die Abtei St. Emmeram bestehet aus einem sehr weitläufigen Bezirk von Gebäuden, der beinahe eine besondere kleine Stadt ausmacht.“ Das Ganze überragt der Renaissance-Glockenturm, in der Stadt weithin wahrzunehmen. Auch er zeugt vom einstigen Rang der Reichsabtei St. Emmeram, deren Anfänge auf die Zeit um 700 zurückgehen, und deren Bedeutung schnell zunahm, so dass sie nachgerade als „frühbayerisches Nationalheiligtum“ gelten kann. Die Abtei wurde zu einem kulturellen Zentrum, in dem theologische und philologische und in späterer

Zeit auch naturwissenschaftliche Studien betrieben wurden. Schon im Mittelalter war das Kloster ein Zentrum von Kleinkunst und Buchmalerei gewesen. In Gelehrtenkreisen berühmt waren später auch die Fürstäbte des 18. Jhs. (die letzten waren Frobenius Forster und sein Nachfolger Cölestin Steiglehner, denen auch Friedrich Nicolai 1781 respektvoll seine Aufwartung machte), bis das Kloster 1802 seine Unabhängigkeit verlor, 1810 an Bayern kam und 1812 endgültig aufgelöst wurde.

Seit alters „Stätte frommer Gelehrsamkeit" und „Musensitz": St. Emmeram

Und so kann man nachvollziehen, dass St. Emmeram in Thomas Manns (s. S. 147) Mittelalterroman *Der Erwählte* (1951) unter den bedeutendsten Klosterstätten Deutschlands genannt wird. „Ich habe auf meiner Reise eine große Anzahl von Stätten frommer Gelehrsamkeit und Musensitzen besucht, wie Fulda, Reichenau und Gandersheim, Sankt Emmeram zu Regensburg, Lorsch, Echternach und Corvey." Das behauptet der fiktive Chronist dieses Romans oder vielleicht besser „der Geist der Erzählung", der auch die Glocken Roms läuten lässt, wenn er es will.

Friedrich Nicolai (* 18. März 1733, Berlin, † 8. Januar 1831, Berlin) war ein aufklärerischer Schriftsteller, Buchhändler und Verleger. 1775 hatte er unter dem Titel *Die Freuden des jungen Werthers* eine Parodie auf Goethes *Werther* verfasst, woraus sich eine literarische Fehde entwickelte. Nicolai weilte im Rahmen seiner großen, in zwölf Bänden beschriebenen *Reise durch Deutschland und die Schweiz* (1783ff.) über die Pfingsttage 1781 auch in Regensburg. So hatte er nicht nur Gelegenheit, die Kirchen und Klöster der Stadt zu besichtigen, sondern auch eine Reihe – evangelischer und katholischer – Gottesdienste zu besuchen. Neben den wichtigsten Sehenswürdigkeiten beschreibt er auch seine Begegnungen mit bemerkenswerten Bürgern der Stadt, etwa dem evangelischen Superintendenten Jacob Christian Schäffer, sowie mit Gesandtschaften auf dem Immerwährenden Reichstag. In den einheimischen Regensburgern sah der Preuße Nicolai (auch physiognomisch) den „bayerischen Nationalcharakter" geradezu idealtypisch verkörpert.

Fürstliches Schloss

Ein Schloss, das einst ein Kloster war: Das Schloss St. Emmeram ist entstanden, nachdem im Zuge der Einverleibung Regensburgs durch das Königreich Bayern die säkularisierten Klostergebäude (außer der Kirche) 1812 an das Fürstenhaus Thurn und Taxis übergegangen waren. Diese Übereignung war eine Entschädigung für den Verlust des Post-Monopols, welches das Haus Thurn und Taxis groß gemacht hatte. Solche Abfindungen ließen die Taxis zum größten privaten Grundbesitzer Deutschlands werden. 1490 hatte die aus der Lombardei stammende und im Kurierdienst tätige Familie Taxis (*de Tasso*, von ital. *Tasso* – Dachs) im Auftrag des römisch-deutschen Königs und späteren Kaisers Maximilian I. das mitteleuropäische Postwesen etabliert, wurde in den Reichsfürstenstand erhoben und wirkte bis zur Auflösung des Alten Reiches (1806) als Generalpostmeister. Für den Aufstieg in den Fürstenstand ließ man eine Abstammung vom Mailänder Adelsgeschlecht *della Torre* (dt. Turm, mhd. turn) konstruieren. 1748 wurde der Fürst von Thurn und Taxis als „Prinzipalkommissar", also als Stellvertreter des Kaisers auf dem Reichstag, nach Regensburg berufen und hatte seine Residenz zunächst in den beiden Palais auf der gegenüberliegenden Seite des Emmeramsplatzes bezogen.

Nach dem Umzug wurde das im Zuge der Säkularisation (1803) aufgelöste Kloster St. Emmeram durch mehrere Umbauten und Erweiterungen zu einem repräsentativen Schloss ausgebaut. 1827–1832 wurde ein klassizistischer Marstall errichtet. Die Reithalle ist ausgestattet mit Plastiken des Bildhauers Ludwig Schwanthaler (1802–1848), des Schöpfers der Münchner Bavaria. 1883–1888 erfolgte schließlich der Umbau der Residenz im Stil der Neorenaissance durch den Fürstlichen Baumeister Max Schultze (1845–1926).

Albert von Schirnding (* 9. April 1935, Regensburg), Lyriker, Erzähler, Essayist und Übersetzer, wurde in die museale Atmosphäre Regensburgs in der Mitte des 20. Jhs. hineingeboren. Er wuchs in Regensburg als Sohn des Chefs der Thurn und Taxisschen Gesamtverwaltung auf. Seinen ersten Lyrikband *Falterzug* veröffentlichte er 1956 mit Unterstützung von Georg Britting. Nach dem Abitur studierte er Klassische Philologie und Germanistik in München und (bei Walter Jens) in Tübingen und wurde Lehrer in München. Als Student arbeitete er als Privatsekretär von Ernst Jünger in Wilflingen. Seine Lyrik gilt als traditionsbewusst, mit Anklängen an George oder Hofmannsthal. Bekannt wurde er auch als Literaturkritiker der *Süddeutschen Zeitung*, als Interpret griechischer Philosophie und als Autor autobiografischer Prosaskizzen. Albert von Schirnding war jahrelang führendes Mitglied der Bayerischen Akademie der Schönen Künste sowie der Akademie der Wissenschaften und der Literatur in Mainz.

Glanz und Elend nebeneinander

Eine Regensburger Institution ist die Fürstliche Notstandsküche, untergebracht in einem vergleichsweise unscheinbaren Gebäude hinter der Westapsis der Kirche, nahe der Einfahrt zum Schloss vom Emmeramsplatz her. Die Notstandsküche wurde im Nachkriegswinter 1919 vom Fürstenhaus im ehemaligen Speisesaal des Klosters eingerichtet, um die allgemeine Not zu lindern, und versorgt bis heute Bedürftige.

Ausgerechnet diese freiwillige karitative Einrichtung, an deren Gründung eine Gedenktafel erinnert, wurde zum Thema eines sozialkritischen Bestsellers der beiden „Enthüllungsautoren“ Bernt Engelmann (1921–1994) und Günter Wallraff (s. auch S. 171). In dem zum Teil im Kolportage-Stil geschriebenen Erfolgstitel *Ihr da oben – wir da unten* (1973), der am Beispiel von Industriebaronen wie Krupp oder Flick die Kluft von Arm und Reich in der Wohlstandsgesellschaft der frühen 1970er Jahre beleuchtet, wurde auch das Haus von Thurn und Taxis zur Zielscheibe der Kritik. Bernt Engelmann widmete dem Fürstenhaus ein mit Sottisen gespicktes Kapitel, aus dem der Geist der 68er-Jahre weht. „Enthüllt“ wurde darin aber letztlich nur eine altbekannte historische Tatsache, die für dieses Adelsgeschlecht schon seit dem 16. Jh. gilt – dass sich hinter den feudalen Mauern seit jeher ein robustes und global vernetztes Familienunternehmen befindet. An dem Schloss selbst und insbesondere an dessen Prunkräumen, die

Eine Tafel in gehobenem Ambiente: die Fürstliche Notstandsküche (links vorne) neben dem Schlossmuseum (rechts)

noch ganz den Geist absolutistischer Repräsentation atmen, nahmen die Autoren kaum Anstoß. Als „skandalös" empfanden sie vielmehr den Blick vom Schloss aus auf die Fürstliche Notstandsküche und stilisierten diese soziale Einrichtung zum Symbol für ein untragbares Nebeneinander von Privilegierten und Unterprivilegierten in der bundesrepublikanischen Gesellschaft.

Die Grundlage ihrer Kritik bildete ein Interview, das Bernt Engelmann mit Prinz Johannes (1926–1990) führte. Der nachmalige Fürst des Hauses von Thurn und Taxis ließ seinen Gast edel bewirten. Ein Nebenprodukt dieses Gesprächs ist eine charakteristische Momentaufnahme: Engelmann fängt die Atmosphäre des oft scheinbar „menschenleeren" Schlosses ein und erkennt am Ende auch die Fürstliche Notstandsküche als das, was sie – wie das ganze Schloss selbst – ist: ein Relikt aus vergangener Zeit.

„Die breiten Alleen und Plätze der Thurn und Taxisschen Residenz waren jetzt am Nachmittag menschenleer – bis auf zwei säbelbewehrte, in üppiges Scharlachrot und Gold gekleidete Türhüter am Hauptportal des Schlosses, wo auch der große Mercedes des fürstlichen Onkels von Prinz Johannes stand, lackiert in jenem prächtigen Gelb,

Der Schlosspark im Frühling

Symbol vergangener Tage: fürstliche Krone im Schlosspark

das die Bundespost für ihre Briefkästen verwendet ... Aus der ‚Fürstlichen Notstandsküche' kam noch ein Hauch von grünen Bohnen, aber ich hatte ja schon gespeist – gefüllte Artischockenböden, klare Oxtailsuppe, Cordon Bleu nebst Spargelspitzen, geeiste frische Ananas mit Schwarzwälder Kirsch und Petits Fours zum Mokka –, zudem auch keinen Berechtigungsschein. Im ausgedehnten, für die Öffentlichkeit gesperrten Schlosspark – ‚Unser städtischer Grundbesitz ist nicht sehr beträchtlich', hatte der Prinz gesagt – spielten die Eichhörnchen. Man war mitten in einer Großstadt des ausgehenden 20. Jahrhunderts; jenseits der rund 75.000 Quadratmeter Schlosspark, der Quadratmeter zu 60 DM, sah man den Regensburger Hauptbahnhof, und doch konnte man sich des Gefühls nicht erwehren, erst gerade den Beginn der Neuzeit zu erleben."

Bernt Engelmann (* 20. Januar 1921, Berlin, † 14. April 1994, München) gehört zu den erfolgreichsten Enthüllungsjournalisten und Buchautoren Deutschlands. Engelmann, Urenkel des Verlegers Ullstein, war aktiv im NS-Widerstand und KZ-Überlebender. Nach dem Krieg arbeitete er als Redakteur beim *Spiegel* und dem NDR (*Panorama*). Seine Bücher erreichten eine Gesamtauflage von über 15 Millionen, neben dem mit Günter Wallraff verfassten Bestseller *Ihr da oben – wir da unten* (1973) erregte auch sein halb-fiktiver „Tatsachenroman" *Großes Bundesverdienstkreuz* (1974) über die NS-Vergangenheit führender Wirtschaftsgrößen Aufsehen. Anfang der 1980er Jahre wurde er wegen seiner DDR-Kontakte heftig kritisiert (auch von Schriftstellern wie Heinrich Böll und Günter Grass) und trat als Vorsitzender des Verbandes deutscher Schriftsteller zurück. Engelmann, überzeugter Sozialist, lebte zuletzt in Rottach-Egern am Tegernsee.

BEAN

Schnupftabakfabrik in der Gesandtenstraße

Die seit 1777 so genannte Gesandtenstraße war die Hauptverkehrsader der römischen Zivil-Stadt und stellte eine Verlängerung der Hauptstraße des Legionslagers dar, die dadurch über das Westtor (Ecke Neupfarrplatz/Wahlenstraße) hinaus reichte. Während des Immerwährenden Reichstages war die Ost-West-Achse ein bevorzugter Straßenzug, in dem Gesandte ihre Wohnung nahmen. Auch der evangelische Gesandtenfriedhof neben der wie „eine feste Burg" gebauten Dreieinigkeitskirche liegt hier. Seit dem Mittelalter säumten die Straße romanische und gotische Patrizierburgen. Die imposanteste Anlage bilden das „Zanthaus" (Nr. 3) und das „Ingolstätterhaus" (Nr. 5) schräg gegenüber der Buchhandlung Pustet. Die Familie Zant hatte im 13./14. Jh. das einflussreiche Amt des Schultheißen (Amtsrichters) inne. Die Familie Ingolstätter erwarb 1407 das Nachbaranwesen. Im 16. bzw. 18 Jh. erfolgten Umbauten im Stil der Renaissance und des Barock. Im „Ingolstätter Haus" residierte die Venezianische Gesandtschaft, im „Zanthaus" der Fürst von Thurn und Taxis, der es 1812 an die Brüder Bernard veräußerte, die dort eine Schnupftabakfabrik errichteten (eine der ältesten deutschen Produktionsstätten dieser Art). 1898 wurde der Betrieb auf das Nachbarhaus ausgedehnt. Die Prisen-Herstellung in diesem einzigartigen innerstädtischen Industriedenkmal endete 1998. Nach jahrelangem Stillstand und Sanierung ab 2005 wurde der Komplex 2008 neu eröffnet. Neben Wohnungen, Geschäften und Gastronomie gibt es in drei authentischen Produktionsräumen ein Museum („document Schnupftabakfabrik").

Der Duft des „Dinosauriers"

Eva Demski hat ihrer Regensburger Kindheit eindringliche Texte gewidmet. Die wichtigsten Bezugspunkte in ihrem „noch nicht ganz vierjährigen Leben" waren die Eisenhandlung Christlieb & Fischer in der Malergasse 2 (ihr Großeltern- und Elternhaus), das Theater am Bismarckplatz (der Arbeitsplatz ihres Vaters) und nicht zuletzt die Tabakfabrik der Gebrüder Bernard, wo ihr „allerwichtigster Onkel, der Hans, residierte". Ihr Onkel Hans Weiß war Geschäftsführer der Firma und Bewohner des Betriebsgebäudes. In einem Vortrag anlässlich des 200. Geburtstages des hiesigen Musentempels (2004) beschrieb die Autorin ihren Kindheitsweg von der Malergasse zum Theater, der über den Neupfarrplatz und die Gesandtenstraße führte: „In der Mitte des Weges, bei dem ... zweiten Kindheitshaus, Gebrüder Bernard, lege ich jedesmal eine Gedenkpause ein. Tausende Kubikmeter Geschichten schlafen da, ... im Patrizierhaus der Zante, in dem ich wohnte, als die Malergasse dahingesunken war." Der Tabakfabrik im Zanthaus hatte Demski bereits 1988 eine Hommage gewidmet: *Abschied von einem alten Haus*, eine melancholische Momentaufnahme eines raumgreifenden, historischen Gebäudes im Alltag der Stadt am Ende der 1980er Jahre. Ihre Impressionen aus dem zauberhaften Reich ihrer Kindheit mögen stellvertretend für viele Häuser der Altstadt stehen, die seit ihrer Wiedergeburt in einem topsanierten Ensemble heute eine neue Funktion erhalten haben. In den Jahrzehnten davor hatten sie, ihrem einstigen Zweck entbunden, hie und da paradiesische Freiräume geboten, vor dem Hintergrund des modernen Städte-Ideals mitunter aber auch ein groteskes Bild abgegeben:

„Eines Tages sitzt in irgendeiner Fußgängerzone morgens ein Dinosaurier... Man ist ratlos über diesen Saurier ... Manche lieben das riesige, ruhige Tier und sehnen sich nach einer unbekannten Zeit zurück. Es gibt in Regensburg ein Haus, dessen Schicksal dem des geheimnisvollen ... Tieres gleicht. Und da man ganz selbstverständlich daran vorbeizugehen gewöhnt ist, durch die enge, stinkende, laute Gesandtenstraße, möchte ich von diesem Haus etwas erzählen. Man kann ... einmal die Länge seiner Außenfronten abschreiten und denken: Das alles ist ein Haus!"

In Demskis Wahrnehmung halten Kinder „erst einmal alles, in das sie hineingeboren, hineingesetzt werden, für normal, das Schreckliche ebenso wie das Schöne. So ging es mir auch, und ich habe von der Schönheit nichts gewusst". In ihrem Blick zurück nimmt Demski die Perspektive eines Besuchers ein, der vom Neupfarrplatz kommt:

„Wenn man ... in die Gesandtenstraße hineingeht, schiebt sich bald auf der linken Seite die mächtige gelbe Flanke des Hauses in den Blick ... es sind viele Gelbtöne, bis hin zum Schwarz, die Regen und Eis und die Jahre gemalt haben, und manchmal ziehen sich dunkle Spuren wie Tränen von den undichten Regenrinnen über die rauhen Wände."

An der Seite zur Spiegelgasse erinnert eine Tafel an die Geburtsstunde und -helfer des Hauses:
„Ein Wohnsitz wie eine Festung, als solche auch gedacht ... Dann kommen die in die Wand eingelassenen steinernen Löwen. Sie stammen aus der Zeit, als das Patrizierhaus venezianische Gesandtschaft war, rechts und links vom kleinen Schnupftabakladen, der ‚Verkaufsstelle', schauen sie von sehr weit oben hochmütig auf die Passanten. Sie sind etwa so groß wie Hunde und tragen über ziemlich dümmlichen Gesichtern große Allongeperücken als Mähnen. Ihre Gesichter haben den Ausdruck verändert, der giftige Regen hat ihnen zugesetzt ... Wenn man weiter hinaufschaut, sieht man, dass die meisten Fenster blind sind. Auch den gedrungenen Turm kann man sehen und ganz oben die Zinnen.*

Doch die großen Zeiten sind dahin:
„Niemand lebt mehr in dem großen Haus ... Kein Mensch, meine ich – denn Lebewesen bewohnen es natürlich. Vögel zum Beispiel, und im Sommer sausen die Schwalben durch die schweigenden Höfe, und dicke Tauben sitzen auf den Fensterbrettern und Dachluken und sorgen für eine gurrende Grundmelodie, durch die die Stille noch tiefer wird ... Wenn man von der brüllenden Straße durch die beiden Tore in die Höfe geht, ist man plötzlich mitten in der Stille, unversehens aus der Zeit herausgegangen in eine andere. Ein paar Meter nur trennen das Jetzt und das Früher voneinander, und das Jetzt wird nach dem Früher ganz gewiss greifen, weil niemand mehr es verteidigt."

Der barocke „Gesandtenfriedhof" der evangelischen Dreieinigkeitskirche

Die Innenhöfe – Orte intensiven Erinnerns:
„Das Kopfsteinpflaster des Gewölbes, durch dessen Tor man in den ersten Innenhof hinaussehen kann, ist immer ein wenig feucht. Schienen für die Tabakfässer fangen irgendwo an und hören irgendwo auf. Und jetzt, spätestens im ersten Verharren auf dem Weg weit zurück, fällt der Geruch auf. Wenn ich hundert Jahre alt werde, ich werde mich an diesen Duft immer erinnern, und immer werde ich mich nach ihm sehnen. Der Geruch nach Tabak und nach den Ölen, mit denen die Tabake fermentiert werden, hat die Steine des großen Hauses getränkt. Es ist ein Geruch, gleichzeitig frisch und sehr alt, nach Gewürz und Minze, nach Orient und Handelshaus, es ist ein unnachahmlicher, unvergesslicher Duft."

Ein Anwesen häutet sich

„Zwecklos" geworden erlebt das Haus kleine, wunderliche Metamorphosen:
„Gras wächst zwischen den Steinen des Hofes. Kleine Blumen werden von niemandem gestört, in einer Ecke hat sich vor Jahren ein Ahornsamen festgesetzt und ist zu einem mächtigen Baum geworden. Mein

Wo Beckett einen Nazi-Frevel fand (s. S. 18): die Dominikanerkirche am Ende der Gesandtenstraße

Onkel hatte ihn noch jung und klein gekannt ... Das Patrizierhaus, die Gesandtschaft, die Fabrik-Epochen haben sich in diesem Gebäude gefunden und fest, fast untrennbar miteinander verbunden ... das Bezaubernde an diesem Gemäuer ist, dass es gar keinem Zweck wirklich dient.“

Vernachlässigung bedeutet Verfall:
„Das Zant-Haus ... ist lange Zeit keiner Kosmetik unterzogen worden, aber auch keiner Pflege, keiner Erhaltung. Und da resultiert aus der Ungestörtheit Zerstörung. Wasser und Frost, Wind und Hitze tun ihr Werk und lassen manchmal ahnen, dass auch bei Gebäuden das Ende des Alterns eben Tod heißt und nicht Ewigkeit.“

Stuckdecke oder Eisenträger? Wie mag die Zukunft dieses uralten Hauses aussehen?
„Es hätten viele Leute darin Platz, und viele könnten verhindern, dass es ein Museum wird. Oder sollte es doch ein Museum werden, sollte, wie in einer grell beleuchteten Momentaufnahme, der jetzige Zustand festgehalten werden, dieses Amalgam aus Patrizierstolz und Rokoko-Heiterkeit, aus Fabrikarbeit und Jetztzeit?“

Ein echter venezianischer Löwe?

Noch könne von einem Ende des Hauses keine Rede sein:
„Der Saurier ... durchkreuzt Pläne, indem er einfach neue Blicke in sein Inneres gestattet. Das Denkmalsamt war diesmal der Entdecker, in des Wortes buchstäblicher Bedeutung, ... überall in dem alten Haus haben die Leute vom Denkmalsamt nämlich eine Art Fensterchen in den dicken Putz an den Mauern gesägt, ... wo immer sie augenscheinlich nachgesehen haben, waren sie fündig. Fresken über Fresken ... Da hat sich das alte Haus eine Pointe aufgehoben ...“

Neugeburt bedeutet Abschied – auch von den alten, bürgerlichen Werten, die dieses Haus einmal beherbergt haben mag:
„Es ist für mich zu Ende ... Am runden Tisch, tief hinten im Wohnzimmer, musste den ganzen Tag das Licht brennen. Seit sie das gegenüberliegende Haus rosarot angepinselt hatten, war immer eine Art Dauerabendröte in dem Zimmer ... Irgendein Leben müsste in dem Haus sein ... Aber ich fürchte, es wird nie mehr dieses ganz normale, unaufwändige Leben sein, das Leben in einer Festung. Denn vielleicht hat es diese dicken Mauern gebraucht, um ein paar alte, längst aus der Mode gekommene Gewohnheiten zu beschützen. Man ist anständig

und betrügt nicht, man macht keine Schulden. Man schläft nicht bis in den hellen Tag hinein. Man ist gastfreundlich und nicht verschwenderisch. Man gibt nicht vor zu sein, was man nicht ist."

Was bleibt, ist das Haus:
„Wird man es alt sein lassen oder jung machen wollen...? Der Saurier macht es einem nicht leicht ... Eines weiß ich: Den Duft wird man nicht vertreiben können."

* Die Portallöwen mit den langen Mähnen stammen aus dem 14. Jh. Allongeperücken wurden erst im 17./18. Jh. getragen.

Eva Demski (* 12. Mai 1944, Regensburg) ist Tochter eines Regensburger Bühnenbildners, ihre Mutter entstammte einer Eisenwarengroßhandelsfamilie. Eva Demski verbrachte ihre Kindheit in Regensburg, danach lebte sie in Wiesbaden und Frankfurt a. M. Sie studierte Germanistik, Kunstgeschichte und Philosophie in Mainz und Freiburg. Demski arbeitete als Dramaturgie-Assistentin am Schauspiel Frankfurt, als Lektorin, Übersetzerin sowie als Mitarbeiterin der ARD-Kultur-Sendereihe *Titel, Thesen, Temperamente*. Seit 1977 lebt sie als freie Journalistin und Autorin in Frankfurt a. M. Demski veröffentlichte u. a. den autobiografisch geprägten Debüt-Roman *Goldkind* (1979), gesellschaftskritische Romane wie *Karneval* (1981), *Scheintod* (1984) und *Afra* (1992) sowie den 2001 erschienenen Essay *Mama Donau*. Sie erhielt 1987 den Kulturpreis der Stadt Regensburg, 1990 die Goethe-Plakette der Stadt Frankfurt a. M. und 2004 die Goethe-Plakette des Bundeslandes Hessen.

Haidplatz und *Goldenes Kreuz*

Der Haidplatz gilt als „das Wohnzimmer" der Regensburger. In den einstigen Patrizierhäusern, die den Platz im Herzen der Stadt umgeben, befinden sich heute Restaurants und Cafés. Mit ihren Freisitzen verleihen sie dem Haidplatz das Flair einer italienischen Piazza. Das Areal mit der charakteristischen Form eines gepflasterten Dreiecks war ursprünglich eine Wiese („Heide"), die als Fest-, Turnier- und Richtplatz diente. An Letzteres erinnert der um 1700 errichtete barocke Justitia-Brunnen, der mit der Symbolfigur der Gerechtigkeit das Zentrum des Platzes bildet. Er ist umgeben von mächtigen gotischen Hausburgen: im Osten das einstige städtische Waaghaus, die Neue Waag, mit seinem gedrungenen Turm, im Süden die an einen Schiffsbug erinnernde Arch, im Norden das klassizistisch überformte Thon-Dittmer-Palais (mit einem Renaissance-Arkadenhof von 1583) und nach Westen hin das durch seinen Zinnenturm hervorstechende Goldene Kreuz, die sogenannte Kaiserherberge.

Der Gasthof *Zum Goldenen Kreuz* gehörte vom 16. bis zum 19. Jh. zu den führenden Nobel-Unterkünften Deutschlands. Der barocke Kaisersaal und der Gesellschaftssaal mit Jugendstil-Decke erinnern noch heute an die Glanzzeiten des Hauses. Der Dichter Jean Paul (s. S. 171) schwärmte bei seinem Aufenthalt im August 1816: „Das Essen ist hier so trefflich wie das hohe prächtige Himmelbett". Das *Goldene Kreuz* durfte Könige und Kaiser zu seinen Gästen zählen – darunter der bayerische König Ludwig II., der hier 1871 den deutschen Kaiser Wilhelm I. zu einem Diner empfing, und nicht zuletzt die österreichische Kaiserin Elisabeth („Sisi"), die auf dem Dach des Hotels gebadet und die Aussicht genossen haben soll.

Ein Platz voller Geschichte(n)

Geschichtsträchtig sind alle historischen Plätze Regensburgs, aber kein Platz hat so viele Geschichten zu erzählen wie der Haidplatz.

Die älteste dieser Geschichten ist die „Dollinger-Sage“: Im Jahr 930, während der Zeit der Ungarneinfälle (899–950), soll hier der Regensburger Bürger Hans Dollinger den ungarischen Hünen Krako in einem Zweikampf besiegt haben. König Heinrich I. („der Vogler“) weilte zu Friedensverhandlungen in der Stadt, als der heidnische Riese die christlichen Ritter zum Duell forderte, welche dankend ablehnten. Da habe sich der Bürger Hans Dollinger freiwillig gemeldet, der wegen Majestätsbeleidigung im Kerker saß, um vielleicht doch noch seine Haut zu retten. In schier auswegloser Lage besiegte er Krako im Zeichen des Kreuzes. Die Dollinger-Sage, eine der ältesten deutschen Stadtsagen, wurde erst im 16. Jh. in Versform verschriftlicht (und vor dem Hintergrund der Türkenkriege wurde aus dem Ungarn ein Türke). Die bekannteste Fassung des *Dollinger-Liedes* befindet sich im Historischen Museum der Stadt und wurde 1806 unter dem Titel *Der Dollinger* in die romantische Lieder-Sammlung *Des Knaben Wunderhorn* von Clemens Brentano und Achim von Arnim aufgenommen („Es ritt ein Türk aus Türkenland ...“). Bereits 1788 hatte Emanuel Schikaneder sein Schaupiel *Hans Dollinger oder das heimliche Blutgericht* vor Tausenden Zuschauern unter freiem Himmel auf dem Oberen Wöhrd aufgeführt und es ein Jahr später auch in Wien herausgebracht. 1995 wurde eine moderne Version des Stoffes am Ort des Geschehens aufgeführt, die der Autor und Regisseur Joseph Berlinger (*1952) geschrieben und inszeniert hatte.

Keine Sage ist dagegen die Hinrichtung des Grafen Hans Ulrich von Schaffgotsch (*1595) auf dem Haidplatz im Jahre 1635. Der schlesische General war während des Dreißigjährigen Krieges unter dem falschen Vorwurf, an einer Verschwörung mit dem kaiserlichen Feldherrn Wallenstein beteiligt gewesen zu sein, in Regensburg im Alten Rathaus verhört und gefoltert worden. Schließlich wurde Schaffgotsch von einem Standgericht im Goldenen Kreuz zum Tode verurteilt und auf dem Haidplatz enthauptet. In seinen letzten Tagen soll er sowohl dem Kaiser als auch seinem protestantischen Bekenntnis aufrichtig treu geblieben sein. Achim von Arnim greift diesen Fall in seinem Novellen-Zyklus *Der Wintergarten* (1809) auf – als Exempel für das von Napoleon gedemütigte Preußen. Arnim nennt auch den Schauplatz des grausigen Geschehens, den „Platz zur Heide“ vor dem „Gasthofe zum Kreuz“. Dabei erwähnt er auch das überlieferte Schrecknis, dass nämlich der General Schaffgotsch, als Mann von Stand, nicht knieend, sondern aufrecht sitzend geköpft wurde, und – wie zum Zeichen seines aufrechten Charakters – „der Körper auf dem Stuhl sitzen geblieben“ sei, nachdem ihm der „Kopf augenblicklich heruntergeschlagen“ worden war. Schaffgotsch, Abkomme eines bedeutenden schlesischen Adelsgeschlechts, wurde auf dem „Gesandtenfriedhof" der evangelischen Dreieinigkeitskirche an der Gesandtenstraße begraben.

Ein Haus, in dem über Nacht Geschichte geschrieben wurde

Zum Schauplatz der Weltpolitik wurde der Haidplatz, als im Jahr 1546 Kaiser Karl V. (1500–1558) im *Goldenen Kreuz* residierte. Der Habsburger nahm im Zuge der Reformation an einem Religionsgespräch teil. Bereits 1541 hatte Karl V. ein solches Religionsgespräch nach Regensburg einberufen, um angesichts der drohenden „Türkengefahr“ durch eine Glaubenseinigung die militärische Unterstützung der protestantischen Fürsten zu gewinnen. Das theologische Gespräch, das in der Neuen Waag am Haidplatz stattfand und an dem u. a. die Reformatoren Johannes Calvin (1509–1564) und Philipp Melanchthon (1497–1560) teilnahmen, brachte jedoch keine befriedigende Lösung der Streitfragen. 1546 unternahm er daher einen erneuten Anlauf.

Der 46 Jahre alte Herrscher war damals der mächtigste Mann der Welt. Karl V. regierte nicht nur das alte deutsche Reich, sondern auch das spanische Weltreich mit dessen Kolonien in Übersee. Er konnte also mit Fug und Recht behaupten, er beherrsche ein Reich, „in dem die Sonne niemals untergeht“. Dieser „Weltkaiser“ begegnete in Regensburg der knapp 18-jährigen Barbara Blomberg (1527–1597). Die hübsche Handwerkerstochter, die eigentlich Plumberger hieß und aus der Tändlergasse stammte, soll der Majestät im *Goldenen Kreuz* Gedichte vorgelesen haben. Möglicherweise war Barbara dem verwitweten Kaiser bewusst „zugeführt“ worden. Eine geschichtsträchtige Begegnung: Frucht dieses nicht nur rein poetischen Zusammenkommens war kein Geringerer als Don Juan d'Austria (1547–1578), der 1571 zum „Helden“ der Seeschlacht von Lepanto werden sollte. Der illegitime Regensburger Kaisersohn besiegte als Kommandeur der spanisch-

Don Juan d'Austria, der „Retter des Abendlandes", verewigt am Goldenen Kreuz

venezianischen Armada die türkische Flotte und gilt seither als „Retter des christlichen Abendlandes".

Das weitere Schicksal Barbara Blombergs, die ihren Sohn nur die ersten vier Jahre seines Lebens aufziehen durfte und – auf Wunsch Karls V. – mit dem kaiserlichen Kriegskommissär Hieronymus Kegel verheiratet wurde, inspirierte Carl Zuckmayer zu dem Drama *Barbara Blomberg* (1949). Ob sie ihre Affäre als Märchen oder als Albtraum erlebt hat, wissen wir nicht. Die gleichwohl dürren Fakten ihres weiteren Lebens dokumentieren einen enormen sozialen Aufstieg, bieten aber in der Tat auch den Stoff für eine Tragödie: Barbara zog mit ihrem Gemahl 1551 nach Brüssel. Bis zu seinem Unfalltod 1569 bot der ranghohe Offizier seiner Gattin, mit der er zwei Söhne und eine Tochter hatte, ein finanziell angenehmes Leben. Danach erhielt sie bis zu ihrem Tod von der spanischen Krone Zuwendungen, die ihr ein würdevolles Dasein ermöglichten. Es kam nur zu einer einzigen Wiederbegegnung mit ihrem ersten Sohn: 1576 in Luxemburg. Dort forderte Don Juan sie auf, nach Spanien umzuziehen und ihr angeblich verschwenderisches Leben in Brüssel zu beenden. Barbara übersiedelte (auf Druck der spanischen Krone) 1577 zunächst in ein Dominikanerinnenkloster in Kastilien. Ein Jahr später erlag ihr Sohn Don Juan d'Austria im Alter von 31 Jahren dem Typhus. Danach lebte Barbara bis 1597 zurückgezogen auf einem eigenen Landgut in Ambrosero.

Als mehr als zweieinhalb Jahrhunderte später, 1863, der österreichische Kaiser Franz Joseph in der alten Kaiserherberge sein Quartier aufschlug, sah man sich in Regensburg dazu veranlasst, an der Außenmauer des Turmes ein Bildnis seines berühmten Ahnen, des *„Don Juan von Österreich"*, anzubringen. Darunter steht eine Inschrift, die der Lokalhistoriker Carl Woldemar Neumann (1830–1888) verfasst hat. Neumann war es auch, der nachgewiesen hat, dass Regensburg der Geburtsort Don Juan d'Austrias war. Die Inschrift ist in einem künstlichen Frühneuhochdeutsch geschrieben, also der Sprache der Zeit Karls V. Darin heißt es, des Kaisers „Liebschaft" habe durch die Geburt des Helden von Lepanto „Trost und Heil" der Christenheit gebracht, der „schönen Barbara" und ihrer Familie aber „viel Leid":

In disem hauß vonn alter art,
Hat offt geruet nach langer fahrdt
Herr Keyser Carl der fünfft genandt,
In aller Welt gar wol beckhanndt,
Der hat auch hie zue gueter stundt
Geküsset einer Jungkfraw mundt.
Dieselb die hieß bey Fern und nah
Man nur die scheene Barbara,
Ihr Stamm war pieder, schlicht und recht,
Pluemberger schrieb sich daß geschlecht,
Dem bracht deß Keysers Lieb vil leid,
*Doch Trost und Heyl der Cristennhait.**

* Neumann, Carl Woldemar: Die Kaiser- und Fürstenherberge Zum goldenen Kreuz in Regensburg. Eine historische Skizze, Regensburg 1903, S. 26f.

Wie eine verlassene Bühne ...

Die historische Bühne des Haidplatzes haben längst die Bewohner der Stadt für sich erobert. Nach einem tristen Intermezzo als Parkplatz wurde der Platz in eine „Piazza" umgestaltet, mit vielen Restaurants und Freisitzen. Man kommt und geht, um zu sehen und gesehen zu werden.

Dass der Haidplatz nicht mehr die Rolle vergangener Tage spielt, ist manchmal zu spüren. Auch wenn die Kulissen heute glänzen wie vielleicht nie zuvor, wirkt er manchmal leer, wie Eva Demski beobachtet hat, ohne wirklich leer zu sein. Das *Goldene Kreuz* könnte man (frei nach Demski) auch zu jenen bunten „Dinosauriern“ zählen, denen die modernisierten Stadtburgen heute gleichen. Es ist ein beliebter Treffpunkt im Wiener Kaffeehausstil. Das Drama der Liebe, das sich hier einst im ersten Stock über den Häuptern und hinter dem Rücken der heute hier Verweilenden abgespielt hat, ist wohl den wenigsten bewusst:

„Der Platz ist eine leergeräumte, ausgefegte Bühne. Die Kulissen sind makellos renoviert. Man hört Spatzengetschilpe und leise Menschenstimmen, auch das Knistern der Kameraverschlüsse. In kleinen Grüppchen ziehen schweigsame Menschen am Goldenen Kreuz vorbei, verharren, fotografieren, gehen weiter. Und unten im Haus ist ein Café ... Keiner von denen, die in der Sonne auf dem Platz sitzen, schaut am Turm hoch auf das traurige Gedicht, das auf die Mauer gemalt ist.“

In Zeiten, als der Haidplatz noch nicht auf Hochglanz gebracht war, hat Georg Britting ein düsteres, expressionistisch gefärbtes Bild des Platzes gezeichnet: Das nächtliche Thon-Dittmer-Palais starrt darin monströs wie „aus hundert dunklen Augen“. Und die einst so mächtigen alten Häuser scheinen sich wie scheue Tiere vor dem Einbruch der Nacht wie vor dem Einbruch einer drohenden, neuen Zeit zu fürchten: „In die Zeit des Mittelalters ist der Platz zurückgesunken und die alten Patrizierhäuser scheinen sich enger aneinander zu drängen, wie eine Herde geängstigter Tiere.“ Das Rauschen des Brunnens, dem Britting noch melancholisch lauschte, ist heute verstummt. Für den Dichter war es der Brunnen der Vergangenheit, dessen nächtliches „Lied“ an das „Hoffen und Sehnen“, aber auch an die „Tränen“ eines „heimlichen Brautpaars“ erinnert, in dem man nur zu gern die schöne Barbara und ihren kaiserlichen Geliebten wiedererkennen möchte:

„Die Zinnen und Zacken des ‚Goldenen Kreuzes‘ stechen in den Nachthimmel und der massige Bau des Thon-Dittmer-Hauses liegt wie ein schlafendes Ungetüm, das aus hundert dunklen Augen droht! Frau Justitia auf dem Brunnen hebt in starrer Ruhe das Schwert, während ihre andere Hand die Waage der Gerechtigkeit trägt. Und unbeweglich sieht sie in die Nacht ...

Und der Brunnen rauscht ein Lied, zart und werbend, schmelzend und schwermütig, irgendetwas von pochenden Herzen und bebenden Lippen, von Hoffen und Sehnen und Schluchzen und Tränen. Eine leise Melodie springt auf. Sie klingt, als ob Musik durch dicke Vorhänge dränge, dahinter ein heimliches Brautpaar tanzt, einen langsamen Walzer voll geheimen Glückes und schwermütiger Süße. Über die starren Züge der Justitia scheint ein leises Lächeln zu gleiten, über den Brunnen, der so törichtes Zeug plaudert, das doch so traut und lockend klingt! Dann blickt sie wieder ernst und unbeweglich wie zuvor. Und der Brunnen rauscht sein Lied – die ganze Nacht.“

Theater im Velodrom
Netto Marken-Discount

Arnulfsplatz und Theater

Der Arnulfsplatz und sein Theater: Bis Anfang des 19. Jhs. gab es an dieser Stelle den Jakobshof mit dem städtischen Zeughaus. Dieses wurde 1803 abgerissen, es entstanden „Oberer und Unterer Jakobsplatz“. Schlussendlich wurde das südliche Areal 1885 Bismarck-, das nördliche Areal 1872 Arnulfsplatz getauft. Letzterer ist dem bayerischen Herzog Arnulf gewidmet, dem die erste Stadterweiterung von 920 zu verdanken ist. Der Grund für all das war der Bau des klassizistischen Stadttheaters, das 1803/04 nach Entwürfen des späteren königlich-bayerischen Baumeisters Emanuel d’Herigoyen (1746–1817) errichtet worden war – veranlasst von Fürstbischof Carl Theodor von Dalberg. 1849 brannte das Theater aus, wurde aber fast originalgetreu wiederaufgebaut und 1852 wiedereröffnet. Kernelemente sind die Bühne für Musiktheater, Schauspiel und Tanz plus Zuschauerraum mit 520 Plätzen sowie der Neuhaussaal mit 400 Plätzen, selbiger wird gerne für Symphonie-Konzerte und Bälle genutzt. Der Haupteingang am Bismarck- und der Nebeneingang am Arnulfsplatz vereinen sich zur „Kutschendurchfahrt“, die edlen Gästen einst ein Aussteigen im Inneren ermöglichte. Hinter den Brauereigebäuden am Arnulfsplatz liegt das Velodrom, ein Varieté der Jahrhundertwende, heute mit 600 Plätzen größte Spielstätte des Theaters.

Thomas Mann erscheint „in Gottes Namen" in Regensburg

Thomas Mann (1875–1955) kannte die Oberpfalz durch einen „Zwangsaufenthalt" am 1. Mai 1906. Auf der Reise von München nach Dresden erlebte er ein Eisenbahnunglück nahe Regenstauf, einige Kilometer nördlich von Regensburg. Manns Zug war wegen einer defekten Weiche auf einen stehenden Güterzug gefahren. Auch wenn es keinen nennenswerten Personenschaden gab, geschah in den Augen des Dichters wohl genug, um daraus eine Geschichte zu machen. Die kurze Erzählung *Das Eisenbahnunglück* erschien 1909. 1920 gab es eine zweite Begegnung mit der Region, diesmal mit Regensburg selbst. Offensichtlich war der in und durch München zum Großstädter gewordene Mann nicht sonderlich motiviert, in die Mittelstadt zu fahren, wo man das Erscheinen seiner „vornehm-adligen Künstlernatur" ehrfürchtig angekündigt hatte. Der seit seinem ersten Roman *Buddenbrooks* (1901) dem Weltruhm entgegensteuernde Autor hatte den Lokaltermin im Neuhaussaal des Theaters „völlig vergessen". Laut einem Tagebucheintrag vom 29. März hatte er „ein Absage-Telegramm für Regensburg schon aufgesetzt", dann aber doch beschlossen, „in Gottes Namen" zu fahren.

Seine Fron bestand darin, aus dem dritten Kapitel des noch unveröffentlichten *Zauberberg*-Manuskriptes vorzulesen. Und so erschien Thomas Mann am Ostermontag, 5. April 1920, in Regensburg, um am dritten Tag seiner Ankunft, am Mittwoch, 7. April, aus der mausgrauen Stadt an der Donau wieder in die „leuchtende" Isarmetropole zurückzukehren. Die Gnade seines Erscheinens ist in Thomas Manns Tagebuch dokumentiert – inklusive einiger ungnädiger Kommentare über seine Gastgeber.

Es war schon Abend, als Thomas Mann am Regensburger Bahnhof empfangen wurde:

„Um ½7 Uhr fuhr ich, nur mit Handtasche, per Tram zum Bahnhof und nach Regensburg, in auffallend leerem Zuge, sodass ich, in einem Halbcoupé, mit Ruhe lesen und zu Abend essen konnte. Ich hatte Eier, Schinkenbrote und Bier. Ankunft in R. um 10 Uhr, abgeholt von zwei Herren des Kaufmännischen Vereins, die mich ins Hotel ‚Grüner Kranz' brachten."

Am Morgen des zweiten Tags frühstückte der berühmte Schriftsteller im Speisesaal seines Hotels *Der Grüne Kranz* in der Obermünsterstraße (Nr. 9), dem besten Haus am Platze (das auch Karl May* und Samuel Beckett zu seinen Gästen zählen durfte). Mann „erledigte das Telefonat" mit seiner Frau Katia „und wurde von den beiden Kaufleuten zur Besichtigung der Stadt abgeholt, die, bei großen Erinnerungen, viel Schönes bietet". Sein Resümee nach der obligatorischen Besichtigung von Dom, Steinerner Brücke, Reichstagsmuseum und Schottenportal:

„Das Äußere des Domes reichste und schönste Gotik, das Innere nüchtern. Sehr merkwürdig das romanisch-byzantinische Portal der Schottenkirche. Sah ferner den Reichstags-Saal im Rathaus; Briefe des Sultans Saladin, Luthers, Bismarcks; die Folter-Kammern, die einzigen, in denen Alles steht und liegt, wie es war. Schöner Blick auf die Stadt-Silhouette von jenseits der steinernen Donaubrücke."

Danach aß Mann im Hotel zu Mittag, trank Moselwein und ruhte sich von all den gesammelten Eindrücken aus. Dann wurde er „½ 4 von Bosse, Druckereibesitzer und Vereinsvorsitzender, abgeholt, um in seiner Familie Kaffee zu trinken, der sehr schlecht war":

*„Die Frau freundlich und sympathisch, Provinz, die Töchter noch mehr. Ein junger Mann, unschön, war da, Pfadfinder, der ein Heft des ‚Weißen Ritters' mit einer Besprechung der Betrachtungen** überreichte u. mich bei leichtem Regen, in seinem kleinen Auto ins Hotel zurückfuhr. Bei Bosse betrachtete ich schöne, spirituelle Faust-Illustrationen eines Kölner Künstlers theosophischer Richtung. – Aß im Hotel gut zu Abend, wurde zur Vorlesung gegen 8 Uhr abgeholt und las im Saal des ‚Neuen Hauses' vor ca. 500 Leuten aus dem Zauberberg: erstes Frühstück, erste Begegnung mit Settembrini und Herrn Albin zu starkem Beifall. Nachher Geselligkeit im Restaurant. Herr und Frau Stöhr. 11 Uhr ins Hotel."*

Mit den Herren Settembrini und Albin betraten späterhin hochberühmte Romanfiguren den Regensburger Neuhaussaal. Es mag eine Ironie der (Literatur-)Geschichte sein, dass Thomas Mann im Anschluss an die randvoll besetzte Lesung (wohl bei der „Geselligkeit im Restaurant") zudem einer gewissen Frau Stöhr begegnet ist – eine Figur gleichen Namens sollte im 1924 erschienenen Roman als penetrante Person eine pikante Rolle spielen. Ob es sich bei jener Frau Stöhr, die Mann in Regensburg kennenlernte, um die Gründerin des Regensburger Damengesangvereins von 1879 handelte, Frau Hofrat Mathilde Stör (oder einer Verwandten), ist nicht bekannt. Die Romanfigur Karoline Stöhr jedenfalls ist eine Musikergattin aus Cannstadt. Man kann nur hoffen, dass sich ihre Regensburger Namensvetterin in der Konversation mit dem Weltliteraten besser geschlagen hat als die peinlich-halbgebildete Frau Stöhr auf dem *Zauberberg.*

Am Morgen des dritten Tages verließ Thomas Mann die Stadt und blieb damit immerhin einen Tag länger als sein großes Vorbild Goethe: „Heute in Regensburg ½7 Uhr auf, fertig gemacht, im Speisesaal Kaffee und Ei gefrühstückt und nach Erledigung der Rechnung zum Bahnhof. Der Berliner Schnellzug wieder sehr mäßig besetzt."

Die Beziehungen zwischen dem künftigen Literatur-Nobelpreisträger und Regensburg endeten damit – rein physisch. Doch seine Stippvisite in der Fragstatt des Rathauses schaffte es immerhin in einen seiner Großromane (*Der Zauberberg*). Ausgerechnet dieses 1924 erschienene Kultbuch zählte fünf Jahre später ausdrücklich nicht zu den Gründen für die Nobelpreisverleihung im Wert von 200.000 Reichsmark. Denn das Werk gefiel dem wichtigsten Entscheider, einem schwedischen Literaturprofessor, so gar nicht. Nur die autobiografische *Buddenbrook*-Saga war preiswürdig. Bitter für Regensburg. Als kleiner Trost nun besagte Passage aus Manns epischem „Sanatoriumsbericht" *Der Zauberberg.* Die Gnade der Erwähnung dürfte das damalige Regensburger Bildungsbürgertum mit stolzgeschwellter Brust zur Kenntnis genommen haben:

„Er, Ferdinand, hatte auf Geschäftsreisen immer gern die Gelegenheit benutzt, an alten Kulturstätten jene verschwiegenen Orte zu besichtigen, an denen einst diese Art von Gewissenserforschung geübt worden war. So kannte er die Folterkammern von Nürnberg, von Regensburg, zu Bildungszwecken hatte er sich näher dort umgesehen. Allerdings, dort hatte man dem Leibe um der Seele willen recht unzärtlich zugesetzt, auf mancherlei sinnreiche Weise. Und nicht einmal Geschrei hatte es gegeben. Die Birne in den offenen Mund gerammt, die berühmte Birne, an sich schon kein Leckerbissen, – und dann hatte Stille geherrscht in aller Geschäftigkeit."

* Karl May (1842–1912) veröffentlichte im Verlag Pustet seine ersten Reiseerzählungen.
** Thomas Manns *Betrachtungen eines Unpolitischen* waren 1918 erschienen. *Der Weiße Ritter* war ein Organ der deutschen Pfadfinder- und Jugendbewegung.

Thomas Mann (* 6. Juni 1875, Lübeck, † 12. August 1955, Zürich) entstammte einer wohlhabenden Lübecker Kaufmannsfamilie. Die Mutter war deutsch-portugiesischer Herkunft, der Vater verstarb 1891. Mann, ein miserabler Schüler, zog mit dem Schulabschluss Mittlere Reife Ostern 1894 nach München, wurde Volontär einer Versicherung und hörte Vorlesungen an der Technischen Universität. Ab 1896 schufen Zinsen des väterlichen Erbes die Voraussetzung für ein Leben als freier Schriftsteller und Thomas Mann lebte bis 1898 mit seinem Bruder Heinrich Mann (1871–1950) in Italien. 1898/99 war er Redakteur der Satire-Zeitschrift *Simplicissimus*. 1929 erhielt er den Literaturnobelpreis. Mann gehört zu den bedeutendsten Romanciers deutscher Sprache und hob den deutschen Bildungs- und Gesellschaftsroman auf die Bühne der Weltliteratur. Er war ein realistischer Erzähler, dessen Werke sich durch eine skeptisch-ironisch geläuterte *„Liebe zum Leben"* auszeichnen. Nach seiner Emigration 1933 und der offiziellen Ausbürgerung durch das NS-Regime 1936 erhielt er die tschechoslowakische Staatsbürgerschaft, ging zuerst in die Schweiz, dann nach Amerika, von wo aus er entschiedene Kritik an Nazi-Deutschland übte. 1944 wurde er US-Bürger. 1952 kehrte Mann in die Schweiz zurück und starb drei Jahre später in Zürich. Neben den erwähnten Romanen *Buddenbrooks* und *Der Zauberberg* ist u. a. auch sein *Doktor Faustus* (1947) Teil des kulturellen Gedächtnisses geblieben, ebenso die Novelle *Der Tod in Venedig* (1912).

Im Bannkreis des Theaters – Ludwig Bemelmans rebelliert an der schönen blauen Donau

Ludwig Bemelmans (1898–1962), der weltberühmte Schöpfer der *Madeline*-Kinderbücher, verbrachte einen Teil seiner Kindheit in Regensburg. Er verachtete und mochte Regensburg und seine Einwohner gleichermaßen. Ostern 1962, fünf Monate vor seinem Tod, besuchte er letztmals die Stadt. Wie ihm berichtet worden war, seien am Grab seines Bruders Oskar „Reparaturen nötig": „Also fahre ich nach Regensburg – in den mir doppelt verhassten Ort, an dem meine Wurzeln festhaften wie Moos an Fels." Der von der materiellen Herkunft her privilegierte Ludwig war in seinen jungen Jahren ein Rabauke und profilierte sich bewusst oder unbewusst als unangepasst. Zwischen Jungen-Streichen und Anfällen von Ungehorsam war er aber in schwachen Momenten auch empfänglich für Prunk und Pracht der einst Herrschenden. Wie sonst konnte es zu folgenden bewundernden Beschreibungen kommen:

„Der Fürst hielt an der spanischen Hofetikette fest; seine Diener trugen Livreen und gepuderte Perücken, und er fuhr in einer mit Saffianleder ausgeschlagenen, von Schimmeln gezogenen goldenen Kutsche umher. Mehrere Juweliere, das Stadttheater, ein privates Orchester und der Rennplatz wurden von ihm unterhalten."

Bemelmans Schilderung stammt aus seinem autobiografischen Werk *Hotel Splendid* aus dem Jahr 1941, dürfte aber auf Kindheitserinnerungen beruhen. Bemelmans verbrachte seine Kinderjahre am Arnulfsplatz, im Haus der Brauerei Emslander, von wo aus er das Geschehen zwischen Brauhaus und Theater bequem beobachten konnte:

„Mein kleines Zimmer in Großvaters Haus war ganz oben, fast unter dem Giebel. Am schönsten war es in der Nacht; von meinem Fenster aus konnte ich, ohne Kopf und Augen zu wenden, den ganzen Platz übersehen, und wenn es dunkel und das Theater nach Eintreffen des Fürsten erleuchtet war, wurden seine Wagen, um die Pferde warm zu halten, langsam rings um den Platz gefahren, in dessen Mitte ein Gitter ein mit Pflanzen und Bäumen bewachsenes Rondell umgab, auf dem sich eine kleine Statue erhob. Die glänzenden Geschirre, die Livreen der Kutscher und Diener, die Laternen wurden zu einem zauberhaft erhellten, edelsteingeschmückten Karussell."

Bemelmans Beobachtungsgabe verdanken wir ein nostalgisches Bild des Arnulfsplatzes, dessen Rondell schließlich dem Verkehr weichen musste. Doch schauen wir zusammen mit dem kleinen Ludwig noch einmal auf den „alten" Arnulfsplatz:

„Auf dem Kutschbock des schönsten Wagens, dem des Fürsten, saß ein bärtiger Mann in einer hellblauen Livree, mit einem Bärenfellkragen um die Schultern und einer Feder am Hut, einem Hut, wie ihn Admirale tragen, seitwärts aufgesetzt mit der Breitseite nach vorn. Ich beobachtete dies alles stundenlang, bis das Theaterstück aus war und der Kreis zu einer Kette wurde, die Wagen unter dem Säulenvorbau des kleinen Theaters anhielten und dann weiterfuhren zum Schloss."

Bemelmans besuchte selten, aber wohl intensiv beobachtend seine Kinderstadt. Beispielsweise 1935 während der NS-Diktatur. Dieser dunklen Zeit widmet er seinen im April 1945 veröffentlichten Roman *The Blue Danube*. Die deutschsprachige Fassung erschien erst 2007

Hier hauste ein kleiner „Rabauke": Erinnerung an Ludwig Bemelmans (Arnulfsplatz 6)

unter dem Titel *An der schönen blauen Donau*. In der im Jahr 1944 spielenden Handlung geht es um eine erdachte Rettich-Bauernfamilie, die neben der Steinernen Brücke auf einem fiktiven Eiland (den Wöhrd-Inseln vergleichbar) paradiesische Verhältnisse schafft und eine Liebelei zwischen der Nichte und einem französischen Kriegsgefangenen zulässt.

„An einer Stelle knapp zweihundert Meter unterhalb der Brücke hat der Strudel in Jahren unablässiger Anstrengung eine Insel aus Stein, Schlamm, Sand und Lehm produziert. Namenlos und nirgends verzeichnet, wechseln ihre Umrisse ständig, und im Frühjahrshochwasser fangen die zwölf Weiden, die ihr einige Dauerhaftigkeit versprechen und sie fest zu gründen scheinen, auf einmal zu beben an, und der Großteil der Insel verschwindet in den Fluten. Tagein, tagaus hat der Fluss die Farbe von wässrigem Kaffee mit zu viel Milch. Bei Hochwasser wechselt er ins Ockergelbe. Blau ist die Donau allein auf einem verblassten Wandgemälde, das die Kulisse für die Kapelle im Biergarten bildet."

Das Szenario im Biergarten *Zur Blauen Donau* dürfte von den noch heute bestehenden Biergärten auf dem Oberen Wöhrd bzw. am gegenüberliegenden Ufer von Stadtamhof inspiriert sein. Rettich-Bauer Anton Fischer hält dort eine mutige Rede gegen die lokalen Nazi-Bonzen, der Bischof hält die Hand schützend über den Radi-Rebellen.* Die Kellnerin des Biergartens träumt:

„Können S' Ihnen vorstellen, Herr Fischer, wie schön dass das wird, wenn man da dasitzen kann und seinen Mund wieder aufmachen kann und sagen, was einem gefällt, ohne dass man sich zuerst umdreht und schaut, wer zuhört – wenn man reden kann, ohne dass man seine Stimme senkt!"

Letzten Ende ist alles vergebens. Fischer wird verhaftet; das Idyll endet. Das dominierende Duckmäusertum angesichts von Gewaltandrohung und Gewaltanwendung hat die Gesellschaft krank gemacht. Der Erzähler hält nur noch Hilfe von außen für realistisch:

„Die Kranken im Biergarten sahen hungrig aus und legten den Kopf schief, und hinterher gingen sie heim in die Dunkelheit. Es war klar, dass wenn in der langen Nacht, in der sie lebten, von irgendwoher ein Licht kommen sollte, dass es von außen kommen musste – denn diejenigen innerhalb der Mauer, die Mut und Witz hatten, waren zu wenig, zu alt, und viel zu sentimental."

Das Regensburger Theater machte sich selbst ein großes Geschenk, als es 2008 das Theaterstück *Die blaue Donau* auf Grundlage des von Florian Sendtner (*1965) ins Deutsche übersetzten Romans uraufführte. Das Werk wurde dort 20-mal gespielt. Das Textbuch erstellte Eva Demski, Regie führte Michael Bleiziffer (*1955). Als Statisten mit dabei waren immer 20 Fünft- und Sechstklässler einer Regensburger Schule. Der kleine Ludwig wäre am 11. April, am Tag der Premiere „seines" Stückes, diesmal sicher im Theater gewesen und nicht auf seinem gewohnten Guckposten hoch droben im Wohnhaus seines Großvaters am Arnulfsplatz.

* Radi: bairisch für Rettich

Ludwig Bemelmans (* 17. April 1898, Meran, † 1. Oktober 1962, New York) war Sohn eines belgischen Kunstmalers und der Tochter des Geschäftsführers der Regensburger Brauerei Emslander, Ludwig Fischer. Nach einer ersten Station in Gmunden im Salzkammergut zog Bemelmans nach der Trennung der Eltern 1904 mit seiner Mutter nach Regensburg. Er war ein schwer erziehbares Kind, das wiederholt seine Schulausbildung abbrach oder der Schule verwiesen wurde. 1912 begann er eine Hotellehre bei seinem Onkel in Bozen, beendete diese aber auch vorzeitig. Seine Familie schickte ihn schließlich fort. 1914 brach er mit

Das Theater mit dem Neuhaussaal (Südseite)

einem Empfehlungsschreiben des Onkels nach Amerika auf. Zunächst in Hotels tätig, setzte er sich langsam als Illustrator und Schriftsteller durch. Neben einigen Romanen und zwei Hollywood-Drehbüchern schrieb er v. a. Kinderbücher. Allein seine *Madeline*-Kinderbücher erreichten eine Gesamtauflage von sieben Millionen Exemplaren. Sein Grab liegt auf dem Nationalfriedhof Arlington bei Washington, wenige Reihen entfernt von der letzten Ruhestätte John F. Kennedys.

Portal der Schottenkirche

Das „Schottenportal" gibt seinen Betrachtern seit Jahrhunderten Rätsel auf. Vor allem aufgrund seiner kryptischen Reliefs zählt das Nord- und Hauptportal der Kirche St. Jakob („Schottenkirche") am westlichen Rand der Altstadt zu den markantesten romanischen Bauwerken in Deutschland. Das dazugehörige „Schottenkloster" (heute Priesterseminar) ist im 11. Jh. von irischen Wandermönchen gegründet worden, die im Volksmund „Scoti" („Schotten") genannt wurden. Nicht nur das Portal, auch das Innere der in der zweiten Hälfte des 12. Jhs. neuerbauten Klosterkirche gilt aufgrund seiner Ornamentik und Plastik als bemerkenswertes Zeugnis des Übergangs vom romanischen zum frühgotischen Stil. Die Kassettendecke des schmalen Langhauses stammt aus der Mitte des 17. Jhs. Der prächtige neoromanische Altarraum (1874) stellt inklusive der Fresken und Fenster Werke aus dem Geist des Historismus dar. Die Türme der Kirche stammen von dem 1111 geweihten Vorgängerbau. Das Innere der dreischiffigen Basilika enthält bedeutende gotische Bildwerke (14. Jh.): Kruzifix, Hl. Jakobus, Madonna. Aber am faszinierendsten ist und bleibt das Portal mit seinen seitlichen Bildwänden. Auf der vom Betrachter aus gesehen linken (östlichen) Wand steht eine Figur Mariens mit dem Kind im Zentrum, auf der rechten (westlichen) eine Herrscherfigur, die sowohl als „Antichrist" als auch als König Salomo sowie als der König von Babylon, Nebukadnezar, gedeutet wurde. Die Ungeheuer unter den beiden seitlichen Hauptfiguren werden mit der biblischen Apokalypse, der Offenbarung des Johannes (Offb 12–13), in Verbindung gebracht: der Triumph der himmlischen Macht über die irdische.

„Wunderbar hieroglyphisch" – das Schottenportal und Hölderlins „religiöses Zeitgedicht"

Das Portal der Klosterkirche St. Jakob mit seinen fremdartigen Figuren und Darstellungen ist auch einer Reihe hochberühmter Schriftsteller und Dichter ein Rätsel geblieben. Thomas Mann bezeichnete es schlicht als „merkwürdig", und Samuel Beckett, der sich das Portal gleich zweimal anschaute, fand es ohnehin „falsch", „sich mit der Bedeutung zu befassen", doch fügte er zum Trost aller Interpreten hinzu, es sei durchaus „unterhaltsam, wenn man weiß, dass man falsch liegt". Eine Deutung der Reliefs wagte Beckett aber trotzdem, als er während seiner Deutschlandreise am 3. März 1937 das Portal betrachtete: „Vielleicht bedeutet es: ‚Himmel und Erde vergehen, aber ...'" Damit spielte er auf Worte Jesu an, die thematisch im Zusammenhang mit der Wiederkehr Christi am Ende der Zeit stehen: „Himmel und Erde werden vergehen, aber meine Worte werden nicht vergehen." (Mt 24,35; Lk 21,33) Schon mehr als hundert Jahre zuvor hatte der romantische Dichter Clemens Brentano das Schottenportal in einem Brief an den romantischen Maler Philipp Otto Runge (1777–1810) vom 21. Januar 1810 „wunderbar hieroglyphisch" genannt. Daher ist es nicht überraschend, dass dieses Tor wohl auch einen rätselhaften Dichter wie Friedrich Hölderlin (1770–1843) angezogen haben dürfte, während sich dieser im September und Oktober 1802 in Regensburg aufhielt.

Erst in der jüngeren Forschung ist man darauf gestoßen, dass das Jakobsportal möglicherweise Eingang in Hölderlins Lyrik gefunden hat. Anlass zu dieser Vermutung gab die von Hölderlin zweimal verwendete Metapher der „Drachenzähne". Diese mythische Metapher findet sich sowohl in der letzten Bearbeitung seiner Hymne *Patmos* als auch in dem Fragment *An die Madonna*. Hölderlins Bild der „Drachenzähne" soll von einem Bildmotiv auf der östlichen Bildhälfte des Regensburger Schottenportals inspiriert worden sein: einer Drachenfigur unter einer Marienskulptur. Bei dieser Marienfigur dürfte es sich um die sogenannte apokalyptische Frau aus der Offenbarung des Johannes handeln, d. h. aus der biblischen „Apokalypse", die auf der griechischen Insel Patmos entstanden sein soll. Gemeint ist die Gottesmutter, die auf der vom Betrachter aus linken Portalseite mit dem Jesuskind in den Händen (ganz im Sinne der Offenbarung des Johannes) über einem gefräßigen Drachen thront.

Solche Bezüge erscheinen erst dann nachvollziehbar, wenn man berücksichtigt, dass Hölderlin in Regensburg an einem „religiösen Zeitgedicht" gearbeitet hat. Ein solches Zeitgedicht hatte der Dienstherr von Hölderlins Gastgeber Isaac Sinclair (1775–1815) angeregt, der Landgraf von Hessen-Homburg (Hölderlins Freund Sinclair fungierte als Gesandter des Landgrafen auf dem Reichstag). Für ein religiöses Werk hatte die christliche Bilderwelt, auf die Hölderlin in Regensburg auf Schritt und Tritt traf, viele Anregungen zu bieten. Hölderlin widmete dem Landgrafen schließlich im Januar 1803 die Hymne *Patmos*. Dass der Dichter bereits in Regensburg an der Hymne gearbeitet haben dürfte, legt sein Schreibheft nahe: Er benutzte im Herbst 1802 das berühmte „Homburger Folioheft", in welchem sich auch *Patmos* findet. Die Insel Patmos ist in Regensburg von prominenter Hand verewigt: Sie ist auf einem Bild Albrecht Altdorfers (1480–1538) zu sehen, das den Titel *Die beiden Johannes* trägt (dargestellt sind Johannes der Evangelist und Johannes der Täufer). Das Tafelgemälde befand sich damals im Gerichtssaal des Alten Rathauses, also im unmittelbaren Umfeld von Hölderlins Freund Sinclair (heute ist es im Historischen Museum zu sehen).

„Apokalyptische Madonna" (linke Portalseite): Maria mit Jesuskind thront über dem Drachen

Nebukadnezar, König Salomo oder der Antichrist (rechte Portalseite)?

Mit *Patmos* („Nah ist / Und schwer zu fassen der Gott ...") hat Hölderlin in der Tat ein modernes „religiöses Zeitgedicht" geschaffen. Die Dichtung übernimmt darin die Aufgabe jener visionären Schau, die vor der Aufklärung Mythos und Religion innehatten. Solche religiösen Anklänge sind weniger Ausdruck seines christlichen Bekenntnisses, als vielmehr einer weit verbreiteten „Endzeitstimmung" um 1800: Die Erschütterung der Weltordnung durch die Französische Revolution und die anschließenden Kriege in Europa erzeugten das Gefühl eines „apokalyptischen" Untergangs der alten Welt, beschworen aber auch utopische Hoffnungen auf eine Zeitenwende und eine neue, allharmonische Friedensordnung herauf. Vor diesem Hintergrund waren für Hölderlin die zentralen Figuren des Christentums und der antiken Mythologie Symbolfiguren einer verborgenen Heilsgeschichte, einer möglichen Epiphanie des Göttlichen im Menschlichen und einer Offenbarung in Geschichte und Kunst. Als Hölderlins wehmütiger „apokalyptischer Stern“ (Brentano über Hölderlin) in Regensburg erschien, hatte der Dichter die Symbole des Alten Reiches und des alten Glaubens im wahrsten Sinne des Wortes vor Augen.

Im Lichte seiner Hoffnung auf ein neues goldenes Zeitalter erschlossen sich Hölderlin auch die „Hieroglyphen“ des Schottenportals: Steht hier nicht auf der östlichen Seite ein neues Gesetz (verkörpert durch Jesus und Maria) dem alten, kleingläubigen Gesetz des Königs Salomo auf der westlichen Seite triumphal gegenüber – so wie Sonnenaufgang und -untergang? Eine solche Gegenüberstellung findet sich auch in Hölderlins unvollendeter Hymne *An die Madonna* („Viel hab ich dein / Und deines Sohnes wegen / Gelitten ...“): Maria, die das neue himmlische Gesetz der „allvergessenden Liebe“ verkörpert, steht den „Satzungen“ irdischer Könige gegenüber und ist über den bedrohlichen „Drachenzähnen“ von Welt und Unterwelt erhaben. Hölderlin schreibt Maria daher das traditionelle Symbol der „Lilie“ zu, von dem es beim Evangelisten Lukas heißt (12,27), sie sei schöner als die Herrlichkeit des Königs Salomo. In vergleichbarem Sinne bedeutet die Lilie in Hölderlins pantheistisch motivierter Hymne den Vorrang des himmlischen Reiches der Liebe gegenüber den Gesetzen irdischer Herrschaft.

Hölderlins *Madonna* und Albrecht Altdorfers *Schöne Maria*

Auch für sein zweites „religiöses Zeitgedicht“, *An die Madonna,* konnte Hölderlin in Regensburg kunsthistorische Inspiration finden. Nicht zuletzt die verschiedenen Versionen des legendären Regensburger Wallfahrtsbildes, der *Schönen Maria,* könnten den schwäbischen Pietisten Hölderlin zu diesem Gedicht(fragment) inspiriert haben. In „der Rede Schönheit“, worin sich in Hölderlins Gedicht die Schönheit der Seele Mariens widerspiegelt, klingt dieses Attribut an. In diesem Sinne schmückt auch die oben zitierte Lilie zum Beispiel das Zepter der *Schönen Maria* von Hans Leinberger (um 1475–1531) in St. Kassian (St.-Kassians-Platz 1). Zu dieser Figur führte noch bis zur Säkularisation, also noch zu Hölderlins Regensburger Zeit, die Wallfahrt zur *Schönen Maria* (ursprünglich hatte sie den angrenzenden Neupfarr-

Ob Hölderlin dieses Bild gesehen hat? Albrecht Altdorfer, Die beiden Johannes, *um 1507*

platz, Ort des 1519 ausgelöschten jüdischen Viertels, zum Ziel). Insbesondere Albrecht Altdorfers Bild-Version der *Schönen Maria* (um 1519) dürfte sich Hölderlin auf der Suche nach künstlerischen Epiphanien nicht entgehen haben lassen. Altdorfers Gemälde befindet sich in der Stiftskirche St. Johann neben dem Dom. Neben dieser *Schönen Maria* des berühmten Regensburger Renaissance-Künstlers ist das dortige Altarbild ein weiterer Blickfang: Es zeigt die Taufe Jesu durch Johannes den Täufer, dem zusammen mit Christus und Maria eine große Bedeutung in Hölderlins *Madonna*-Hymne zukommt.

Auch das wahrscheinliche Vorbild für Altdorfers Bild der *Schönen Maria* lässt sich mit Hölderlins *Madonna*-Hymne in Verbindung bringen – das Gnadenbild in der Basilika Unserer Lieben Frau zur Alten Kapelle: Diese Ikone ist die einzige künstlerische Sehenswürdigkeit, auf welche die damals in Gesandten-Kreisen verbreitete Stadtbeschreibung des Hofbibliothekars Albrecht Christoph Kayser von 1797 hinweist (*Versuch einer kurzen Beschreibung der kaiserlichen freyen Reichsstadt Regensburg*). Kayser zitiert darin die Legende, dass das Marienbild in der (nach Kayser) auf einen heidnischen (römischen) Tempel zurückgehenden Alten Kapelle vom Evangelisten Lukas selbst gemalt sei. Beide Bildnisse, das Gemälde Altdorfers und das Gnadenbild in der Alten Kapelle, standen in dem Ruf, das ursprüngliche Wallfahrtsbild der wundertätigen *Schönen Maria* gewesen zu sein.

Die Lukas-Ikone befindet sich in der Gnadenkapelle der Basilika (s. S. 66). Auf den dortigen Deckenfresken sind die traditionellen ikonografischen Marien-Symbole zu sehen – darunter auch das von Hölderlin verwendete Symbol der Lilie.

Dass sich Hölderlin nach Lektüre der Stadtbeschreibung Kaysers auf die Suche nach Bildzeugnissen der *Schönen Madonna* gemacht haben könnte, wird durch den Umstand nahegelegt, dass auch das von Kayser erwähnte Grabmal Johannes Keplers (am Petersfriedhof) in Hölderlins Lyrik Spuren hinterlassen haben soll. Das Grab des berühmten Astronomen, der 1630 in Regensburg gestorben war, ist im Dreißigjährigen Krieg zerstört worden, aber Hölderlin hat wohl das überlieferte Epigramm gekannt (Kayser weist auf eine 1786 erschienene Beschreibung des Grabes hin). Es lautete: „Himmel hab ich gemessen, / jetzt mess' ich die Schatten der Erde." Die auf dem verlorenen Regensburger Kepler-Epitaph einst beschworenen „Schatten der Erde" sollen Eingang in Hölderlins Gedicht *Hälfte des Lebens* gefunden haben, wo es heißt: „... wo nehm' ich, wenn / Es Winter ist, die Blumen, und wo / Den Sonnenschein, / Und Schatten der Erde?"

Eine Elegie wie zum Abschied

Abgesehen von möglichen Regensburg-Indizien in Hölderlins beiden Hymnen hat ein Text aus seiner Feder tatsächlich hier das Licht der literarischen Welt erblickt: die erste Strophe von Hölderlins Elegie *Brot und Wein.* Sie erschien (zusammen mit seinen Gedichten *Die Herbstfeier* und *Die Wanderung*) unter dem Titel *Die Nacht* im *Musenalmanach für das Jahr 1807*, herausgegeben von dem württembergischen Gesandten Leo von Seckendorf in der Buchhandlung *Montag und Weiß* am Rathausplatz (heute Tourist-Info). Seckendorf druckte im darauffolgenden Jahr auch die Hymen *Patmos, Der Rhein* und *Andenken* ab.

Damals „vergessen und unerkannt" geblieben (Brentano), zählen die folgenden Verse zum vielleicht Schönsten, was die deutsche Literatur an elegischer Dichtung hervorgebracht hat. „Niemals", so Brentano in dem oben erwähnten Brief an Runge weiter, sei „hohe betrachtende Trauer so herrlich ausgesprochen worden". Für uns normalsterbliche Spaziergänger durch Regensburg lesen sich diese Verse wie ein Blick hinaus aus dem Fenster, in der letzten Nacht, vor dem Abschied aus einer wunderbaren Stadt:

Rings um ruhet die Stadt; still wird die erleuchtete Gasse,
Und, mit Fackeln geschmückt, rauschen die Wagen hinweg.
Satt gehn heim von Freuden des Tags zu ruhen die Menschen,
Und Gewinn und Verlust wäget ein sinniges Haupt
Wohlzufrieden zu Haus; leer steht von Trauben und Blumen,
Und von Werken der Hand ruht der geschäftige Markt.
Aber das Saitenspiel tönt fern aus Gärten; vielleicht, dass
Dort ein Liebendes spielt oder ein einsamer Mann
Ferner Freunde gedenkt und der Jugendzeit; und die Brunnen
Immerquillend und frisch rauschen an duftendem Beet.
Still in dämmriger Luft ertönen geläutete Glocken,
Und der Stunden gedenk rufet ein Wächter die Zahl.
Jetzt auch kommet ein Wehn und regt die Gipfel des Hains auf,
Sieh! und das Schattenbild unserer Erde, der Mond
Kommet geheim nun auch; die Schwärmerische, die Nacht kommt,
Voll mit Sternen und wohl wenig bekümmert um uns,
Glänzt die Erstaunende dort, die Fremdlingin unter den Menschen,
Über Gebirgeshöhn traurig und prächtig herauf.

Friedrich Hölderlin (* 20. März 1770, Lauffen am Neckar, † 7. Juni 1843, Tübingen), einer der rätselhaftesten Dichter des klassisch-romantischen Zeitalters. Sein Regensburg-Besuch im Herbst 1802 kam auf Einladung seines engen Freundes Isaac von Sinclair zustande, der als Gesandter auf dem Reichstag weilte und in einem Haus in der Lederergasse wohnte (Nr. 9). Sinclair wollte dem nahezu mittellosen und zunehmend psychisch zerrütteten Freund wohl eine Gelegenheit verschaffen, sich hier von einem katastrophal verlaufenen Frankreich-Aufenthalt und der Nachricht vom Tode seiner großen Liebe, Susette Gontard, zu erholen. Trotz negativer Vorzeichen wollte Sinclair „nie größere Geistes- und Seelenkraft" bei Hölderlin beobachtet haben als während dessen Regensburger Tagen. Allerdings musste mehrmals ein Arzt konsultiert werden. Zum Zeitpunkt seines Aufenthalts hatte der Dichter bereits seinen Briefroman *Hyperion* (1797/99) veröffentlicht. 1805 geriet Hölderlin nach der Verhaftung Sinclairs, eines Anhängers der Französischen Revolution, in Bad Homburg unter den Verdacht geheimer Verschwörung. Hölderlin stürzte dieser Vorfall in eine tiefe psychische Krise, von der er sich nie wieder erholte. Er kehrte in seine württembergische Heimat zurück und verbrachte den Rest seines Lebens in Umnachtung in einem in Tübingen unmittelbar am Neckar gelegenen Turm, dem sogenannten „Hölderlinturm".

Unter den Linden

Stadtpark

Malerische Poesie: ein Gemälde von Adalbert Stifter

Der Stadtpark ist unter den Grünanlagen, die im Lauf der Zeit vor den Toren der Altstadt entstanden, die größte. Der heute nicht nur zum Flanieren, sondern auch für Open-Air-Veranstaltungen genutzte Park zählt zugleich zu den ältesten „Naherholungsgebieten" der Stadt. Er geht auf einen Steinbruch zurück, der seit dem 10. Jh. für den Bau der Stadtmauer genutzt wurde. Nach dessen Verfüllung pflanzte man hauptsächlich große Lindenbäume an. Bereits 1511 ist dort ein Platz „unter den Linden" erstmals erwähnt. Seit 1860 erinnert eine gleichnamige Gaststätte mit Biergarten an den alten Lindenhain. Seit 1913 ist dort auch ein Figurentheater beheimatet. Der Stadtpark wurde als Krankenlager, Friedhof, Schieß-, Fest- und Aufmarschplatz sowie als Ausstellungsgelände mit einer Stadt- und Turnhalle genutzt, worauf sich der heutige, historische Gebäudebestand zurückführen lässt: Neben einer alten Friedhofskapelle, einem einstigen Schützenhaus und einem Pavillon erinnert auch ein Museum für moderne Kunst an frühere Nutzungen des Parks. Ein schönes Symbol: Eine ehemalige Leichenhalle dient heute als idyllischer Kindergarten. Botanisch bemerkenswert sind die Reste einer 2020 umgestürzten, jahrhundertealten Linde sowie ein ebenfalls altehrwürdiger Gingko-Baum.

Arndt amüsiert sich im Wirtshaus *Unter den Linden*

Der Biergarten und das Gasthaus *Unter den Linden* gehören zu den idyllischen und beliebten Flecken von Regensburg. Zu literarischen Ehren gelangte der Platz, als ihn Ernst Moritz Arndt (s. S. 63) in seinen erstmals 1801 veröffentlichten Erinnerungen *Reisen durch einen Teil Deutschlands, Ungarns, Italiens und Frankreichs* beschrieben hat. Was der junge Greifswalder Historiker und Schriftsteller schreibt, gilt manchmal auch heute noch: Bereits damals zählte der Park zu den „schönen Promenaden" der Stadt, die manchmal „auch des Abends von Menschen wimmeln":

„Da findet man alle Nachmittage, von vier bis acht Uhr, Leute jedes Standes, Alters und Geschlechtes, und an gewissen Tagen auch Tanzpartien. Der Rasen hat ein üppiges und frisches Grün, die Bäume sind von einem außerordentlichen Wuchs und geben dunkle Schatten."

Es blieb nicht beim bloßen Beschreiben der dortigen „Tanz- und Restaurationshäuser", die von „Häuschen, Lauben, Bänken und Sitzen" umgeben waren. Schon Arndt erlebte, dass man dort „sehr zwanglos im Menschengewimmel" Leute finden könne, „mit denen man frei und freundlich ein Wörtchen plaudern kann". So fand der Protestant Arndt Anschluss an eine launige, katholische Kegelrunde, die aus „geistlichen Herren" und deren Schülern bestand. Zu Arndts Amüsement schmückten die „Burschen" ihr Kegelspiel mit Formeln aus der lateinischen Messe und leiteten jeden Kegelwurf mit einem „Oremus" („Lasst uns beten!") ein – gewissermaßen eine lässliche Blasphemie unter geistlicher Aufsicht.

Ein malerisches Kleinod von Adalbert Stifter

Das *Museum Kunstforum Ostdeutsche Galerie* bildet, obwohl am Rande des Stadtparks gelegen, sein eigentliches Zentrum. Weithin sichtbar ist die auf seiner charakteristischen Kuppel thronende Figur der Göttin Athene, der Schutzherrin der Künste. Der ursprüngliche Jugendstilbau unmittelbar neben der Gaststätte *Unter den Linden* war bereits 1910 als Kunsthalle genutzt worden und wurde mit der Gründung der Stiftung *Kunstforum Ostdeutsche Galerie* im Jahr 1966 durch einen modernen Anbau erweitert. Der Name des Museums, das

Hier führt kein Weg mehr hindurch: ein altes Tor im Stadtpark

1970 eröffnet wurde, leitet sich von der Rolle Regensburgs als Zufluchtsort für viele Heimatvertriebene aus den ehemaligen deutschen Ostgebieten ab. Die Sammlung des Hauses, die u. a. auf den Adalbert-Stifter-Verein zurückgeht, bietet aber keine „Heimatkunst", sondern reflektiert die Geschichte der Kunst in den ehemaligen deutschen Siedlungsgebieten von 1900 bis heute. So sind in der Ostdeutschen Galerie Gemälde und Skulpturen von der Romantik über die klassische Moderne bis hin zur Kunst nach 1945 und der Gegenwart zu sehen. In der auf diese Art einzigartigen Dauerausstellung werden Werke von herausragenden Künstlerpersönlichkeiten aus diesen Gebieten präsentiert, u. a. von Lovis Corinth (1858–1925), Käthe Kollwitz (1867–1945), Max Pechstein (1881–1955), Karl Schmidt-Rottluff (1884–1976), Otto Dix (1891–1969) oder Gerhard Richter (*1932).

Ein Kleinod unter den Exponaten des Museums ist das Gemälde eines aus Böhmen stammenden Schriftstellers, der ebenso leidenschaft-

Kunsttempel: die Ostdeutsche Galerie

lich malte wie er dichtete: Adalbert Stifter (1805–1868). Sein Ölgemälde *Das Vonwiller-Haus in Neuwaldegg*, nur etwa 30 mal 30 Zentimeter groß, stammt aus dem Jahr 1841. Auf den ersten Blick handelt es sich um ein biedermeierliches Landschaftsbild, auf den zweiten Blick aber entdeckt man ein Miniaturspiel mit den Dimensionen von Abwesenheit und Präsenz. Die geöffneten Fenster des Hauses erzeugen das Gefühl eines offenen „Dahinter". Diesen Eindruck überhöhen die im Hintergrund liegenden Berge und Himmel zu einem romantischen Stimmungsbild.

Aus literarischer Perspektive bemerkenswert sind darüber hinaus ein Öl-Porträt Franz Kafkas von Friedrich Feigl (1940) sowie eine Sammlung von Kafka-Illustrationen. Letztere ist allerdings nicht Teil der Dauerausstellung.

Wider das Vergessen: der jüdische Friedhof – Otto Schwerdts letzte Ruhestätte

An der der Ostdeutschen Galerie gegenüberliegenden Seite des Stadtparks befindet sich ein 1822 angelegter, heute malerisch wirkender jüdischer Friedhof, der etwas verborgen hinter Bäumen und Mauern kaum beachtetet wird. Dass es ihn noch gibt, ist eines von Regensburgs kleinen Wundern. Die Nazis hätten an dieser Stelle lieber etwas anderes gebaut, doch dazu kam es nicht mehr. Heute beherbergt die seit dem 19. Jh. mehrmals geschändete Begräbnisstätte rund 850 Grabsteine (mit z. T. hebräischer Inschrift). Auch ein „Taharahaus" für die rituelle Reinigung der Toten hat sich erhalten; es stammt aus dem Jahr 1867. Bis in die jüngere Zeit wurden hier noch Bestattungen vollzogen. Einer der hier Bestatteten ist Otto Elias Schwerdt (1923–2007), der im Alter ein schonungsloses, autobiografisches Buch über Verfolgung, KZ-Leben und -Sterben schrieb (*Als Gott und die Welt schliefen*). Schwerdt überlebte 1943–45 mehrere KZs, darunter Auschwitz-Birkenau, wo die SS seine Mutter, seine Schwester und seinen Bruder ermordet hatte. Schwerdt wohnte über 53 Jahre in Regensburg und arbeitete dort als Metallwaren-Großhändler. Er war langjähriges Vorstandsmitglied der jüdischen Gemeinde Regensburg und von 1996 bis 2007 Vorsitzender des Landesausschusses der Israelitischen Kultusgemeinden in Bayern. Die erste Auflage seines Buches kam 1998 heraus,

Ein Ort des Gedenkens seit 200 Jahren: der Jüdische Friedhof im Stadtpark

im Jahr 2018 die mittlerweile 40. Auflage. Zudem erschien 2002 eine englische Übersetzung. In Hunderten von Buch-Lesungen, meist vor jungen Menschen, klärte er über Verbrechen früherer Generationen auf. Eine zeitlose Frage angesichts des erzwungenen Mitansehens von SS-Taten beschäftigte den Autor besonders:

„Was ist es, was sie so gnadenlos und unerbittlich macht? Sie sind wie im Rausch, wenn sie töten. Unter ihnen ist man gut angesehen, wenn man tötet ... Was fühlen diese Menschen? ... Wenn sich nachts ihr Gewissen rührt, schrecken sie dann auf und fühlen sich schuldig? Ich möchte es wissen."

Trotz der belasteten Vergangenheit glaubte Schwerdt an Versöhnung und die Lernfähigkeit der neuen Generation. „Deutschland braucht die Juden als Zeichen gegen das Vergessen!" In vielen Fragerunden wollten Jugendliche wissen, warum er nach sechs Jahren Israel 1954 nach Regensburg zurückkehrte. Seine Antwort: „Ich bin zurückgekommen, weil ich Deutscher bin und hier meine Heimat ist!"

Ehemalige Klosterkirche und Schloss St. Georg-Prüfening

Die ehemalige Klosterkirche St. Georg in Regensburg-Prüfening gilt als „Kleinod der Romanik“, und das ist nicht zu viel gesagt. Hinter den Kirchenmauern verbergen sich herausragende Zeugnisse großflächiger romanischer Wandmalereien aus der ersten Hälfte des 12. Jhs. Sie wurden z. T. erst Ende des 19. Jhs. wiederentdeckt und im neoromanischen Stil „restauriert“. Die ursprünglich im Stil einer dreischiffigen romanischen Pfeilerbasilika erbaute Kirche ist im 17./18. Jh. teilweise barockisiert worden. Die Blütezeit des 1109 gegründeten Benediktiner-Klosters lag im 12. Jh., als die Abtei ein auch wissenschaftlich und künstlerisch bedeutendes Reform-Kloster war. Erst im 18. Jh. erlebte die Abtei noch einen letzten Aufschwung. Dessen sichtbares Zeichen ist ein astronomischer Turm. 1803 säkularisiert, gelangte das Kloster schließlich in den Besitz des Fürstlichen Hauses von Thurn und Taxis, das es zum „Schloss“ mit Park umgestalten ließ. Mit seiner ehemaligen Orangerie, einem kleinen klassizistischen Gartentempel sowie einem großen Biergarten mutet der romantische Park rund um die Kirche St. Georg heute wie ein verträumtes Idyll an. Schon der Dichter Jean Paul schwärmte 1816 „vom himmlischen Garten in Prüflingen“.

Der „himmlische Garten" von Prüfening

Samuel Beckett auf den Spuren des „Erminold-Meisters"

Das heute mehr als Schlosspark denn als Klosteranlage wirkende Areal ist seit Langem ein Anziehungspunkt für Lustwandler aller Art. Westlich vor den Toren der Stadt gelegen, umgeben von einem kleinen Wald und Spazierwegen zur nahen Donau, lädt es zum Flanieren in einer malerischen Kulturlandschaft ein. Ein prominenter Flaneur, der (aus kunsthistorischen Motiven) nach Prüfening hinaus pilgerte und die von Sphinxen bewachte Linden-Allee hinauf wandelte, war Samuel Beckett. Wie er in seinem Tagebuch festgehalten hat, fuhr er am 4. März 1937 mit der Straßenbahn nach Prüfening hinaus. Beckett wollte das Erminold-Grabmal sehen, d. h. die auf einem Sarkophag liegende Skulptur des ersten Abtes von Prüfening. Sie wird demselben (unbekannten) Künstler zugeschrieben wie die Verkündigungsgruppe im Dom, die Beckett zuvor schon gesehen hatte. Vom Dom selbst war Beckett wenig begeistert: außen zu überladen und schmutzig, innen zu kahl, die Fenster zu bunt. Die Verkündigungsgruppe aber hatte er eindringlich betrachtet, v. a. der Gegensatz zwischen dem strahlenden Lächeln des himmlischen Boten und der scheinbar abwehrenden Haltung Mariens war ihm aufgefallen. Unter dem Eindruck der Figuren im Dom zeigte sich Beckett in der Klosterkirche Prüfening dann allerdings etwas enttäuscht von dem namengebenden Werk des anonymen „Erminold-Meisters". Doch gefielen ihm manche Details: Hände,

Der Faltenwurf beeindruckte auch Beckett: das Erminold-Grab

Nase und vor allem die Falten des Kissens unter Erminolds Haupt (für seine meisterhaften Faltenwürfe ist der „Erminold-Meister" besonders bekannt). Mehr beeindruckten ihn aber die Fresken im Chor, über deren Datierung er sich jedoch nicht im Klaren war. Außerdem bewunderte er das Blau der Säulen in der Vierung sowie deren dekorative Musterung, die ihn an die berühmten Karomuster des modernen Malers Paul Klee (1879–1940) erinnerten.*

* Der Suhrkamp-Verlag gestattete eine Einsichtnahme in Becketts noch unveröffentlichte *German Diaries*, jedoch leider keine Zitate.

Samuel Beckett (* 13. April 1906, Dublin, † 22. Dezember 1989, Paris) ist ein „Klassiker" des absurden Theaters; er lebte (zunächst als Dozent für Englisch und Französisch) in Dublin, London und Paris. Sein berühmtestes Werk, *Warten auf Godot* (1952), ist sprichwörtlich zum Synonym für eine groteske, ausweglose Situation geworden. Sein kaum weniger berühmtes *Endspiel* (1957) spiegelt auf parabolische Weise eine absolute Absurdität menschlicher Existenz als Endzustand wider. Auch als Erzähler reduzierte Beckett, der sein großes Dubliner Vorbild James Joyce erst in Paris kennengelernt hatte, das Subjekt bis hin zum Identitätsverlust. 1969 erhielt Beckett, der seine Texte zunächst in englischer, später überwiegend in französischer Sprache verfasst hat, den Nobelpreis für Literatur. Auf einer Deutschland-Reise im Jahr 1936/37, die ihn von Hamburg über Berlin, Leipzig, Dresden, Bamberg und Nürnberg schließlich nach München führte, besuchte er auch Regensburg. Seine Eindrücke hat er in seinem Reisetagebuch festgehalten, das erst nach seinem Tod entdeckt wurde und jahrzehntelang unveröffentlicht blieb.

Romanische Wandmalereien in St. Georg-Prüfening

Günter Wallraff schleicht sich bei einem fürstlichen Pater ein

1899 erwarb Fürst Albert I. von Thurn und Taxis von Freiherr Zuylen-Nyevelt Schloss Prüfening als zukünftigen Sommersitz. 1902 wurde die ehrwürdige Immobilie erstmals derart genutzt. Genau in jenem Jahr, am 1. März, kam Prinz Max Emanuel als viertes von sieben Kindern des Fürstenpaares zur Welt. Statt „weltlichen Götzen“ zu huldigen, trat dieser 1923 dem Benediktinerorden in der Abtei Neresheim bei. Doch 1951 zog er, nunmehr als „Pater Emmeram“, zurück nach Regensburg. Er wollte das einstige Reichskloster Prüfening wiederbeleben. Die Neugründung mithilfe einer päpstlichen Konzession misslang, besonders aufgrund mangelnden Nachwuchses. Zu allem Verdruss nistete sich 1971 Günter Wallraff für zwei Wochen als „Pater Ivo“ bei dem fürstlichen Mönch ein. Der Schriftsteller gebrauchte den Gutgläubigen für seinen sozialkritischen Bestseller *Ihr da oben – wir da unten* von 1973. Zitat Wallraff über Pater Emmeram: „Eine hagere schwarze Gestalt steht winzig vor dem Eingang eines gewaltigen Schlosses, mit 90 dunklen Fensteröffnungen an der Vorderfront.“

Dort bewohnte der Enthüller später eine Zelle: „Im Raum, sicher seit Jahren nicht gelüftet, schlägt uns Modergeruch entgegen. Der weißlackierte Tisch wimmelt von kleinen Tierchen ..., alle Wolldecken sind von Motten zerfressen und durchlöchert.“ Am 3. Oktober 1994 starb Pater Emmeram, der Klosterverein wurde aufgelöst, das Vermögen vom Freistaat Bayern sinnstiftend verteilt – ein wahrer Geldsegen für so manche soziale und kulturelle Einrichtung. Der Komplex Prüfening wurde schließlich saniert. Auf dem Gelände „herrscht“ nun seit 2002 eine Montessori-Grund- und Mittelschule. Der falsche Bruder soll es später bereut haben, den arglosen Emmeram vorgeführt zu haben, doch der echte Pater hatte ihm da längst verziehen.

Hans-Günter Wallraff (* 1. Oktober 1942, Burscheid), ein ehemaliger Buchhändler, Fabrikarbeiter und Redakteur, ist der heute wohl bekannteste deutsche Investigativ-Journalist. Er ist durch seine „Undercover-Reportagen“ über verschiedene namhafte Unternehmen und Institutionen bekannt geworden, insbesondere mit seinem Enthüllungsbuch über die *Bild-Zeitung* (*Der Aufmacher*, 1977). Mit Bernt Engelmann verfasste er den kapitalismuskritischen Bestseller *Ihr da oben – wir da unten* (1973). Einen weiteren großen Erfolg als Buchautor konnte er mit seinem Band *Ganz unten* (1985) verbuchen, in dem er über seine Erfahrungen in der Rolle eines fiktiven, türkischen Arbeiters in deutschen Industriebetrieben berichtete. Seit 2012 ist Wallraff als investigativer Journalist für den Fernsehsender RTL tätig (*Team Wallraff – Reporter undercover*).

Jean Paul (eigentl. Jean Paul Friedrich Richter; * 21. März, 1763, Wunsiedel/Fichtelgebirge, † 14. November 1825, Bayreuth; s. auch S. 136) war einer der meistgelesenen Autoren der Goethezeit. Sein Werk entzieht sich allerdings den Begriffen von Klassik und Romantik. Durch Ironie, Witz und Phantasie erinnert sein Stil vielmehr an Jonathan Swift und Laurence Sterne. Neben großen Romanen wie *Die unsichtbare Loge* (1793) oder *Hesperus* (1795) veröffentlichte er auch eine bedeutende *Vorschule der Ästhetik* (1804). Im Sommer 1816 besuchte Jean Paul in Regensburg seinen Mäzen, den Fürstprimas Carl von Dalberg, sowie die Fürstin Therese von Thurn und Taxis, eine von vier Schwestern (darunter Königin Luise von Preußen), welchen er seinen vierbändigen Roman *Titan* (1800–03) gewidmet hatte.

Ehemalige Klosterkirche Karthaus-Prüll

Die ehemalige Klosterkirche Karthaus-Prüll (St. Vitus) führt heute unter den vielen sehenswerten Kirchen in Regensburg ein Schattendasein. Zu Unrecht: 1904 wurde hier ein Marien-Fresko aus romanischer Zeit entdeckt! Die Kirche war 997 als Benediktiner-Kloster gegründet worden und wurde 1484 vom bayerischen Herzog Albrecht IV. in ein Kartäuser-Kloster umgewidmet. An der Nordseite der Kirche sind noch heute Kartausen der Mönche zu sehen. Auf die Kartäuser geht auch der spätgotische Chor zurück. Eine Neugestaltung im Stil der Spätrenaissance erfolgte 1605. Das Innere der Kirche wurde oft als „barocke Gemäldegalerie" bezeichnet: Hier befinden sich ein Gemälde-Zyklus zum Leben Jesu (Chor) und Johannes des Täufers (Langhaus) sowie Glasmalereien über das Leben des Ordensgründers Bruno (Kreuzgang). Die meisten dieser Kunstschätze sind jedoch 1803 im Zuge der Säkularisation, als die Abtei aufgelöst wurde, entfernt und ins Bayerische Nationalmuseum nach München verbracht worden, von wo sie nur zum Teil zurückkehrten. Am 23.04.1809 nutzte der verwundete Napoleon (auf seinem Feldzug gegen Österreich) das Kloster als Nachtquartier. Seit Mitte des 19. Jhs. dient die Klosteranlage als Nervenheilanstalt und ist heute Bezirkskrankenhaus.

Dies Bildnis ist bezaubernd schön ... – ein Dichter verliebt sich in Karthaus

Man sieht es dem heutigen Stadtteil Neuprüll nicht mehr an, aber die nahe der 1967 eröffneten Universität gelegene alte Klosteranlage war noch bis ins 20. Jh. von Gewässern, Wiesen und Wäldern umgeben. So entspringt hier der Vitus-Bach, der heute unterirdisch durch das Welterbe-Areal in die Donau fließt. Aufgrund dieser einst so idyllischen Lage vor den Toren der Stadt nutzten auch Reichstagsgesandte das Kloster als Unterkunft. So ist wohl auch ein gewisser Karl Ludwig Giesecke (1761–1833) nach Prüll gekommen, der damals als Schauspieler in Regensburg tätig war und sich im Brotberuf für den Gesandten des russischen Zaren verdingte. Der nachmalige Wiener Bühnendichter Giesecke (eigentlich Johann Georg Metzler), wurde immer wieder als der „wahre" Textdichter von Mozarts *Zauberflöte* gehandelt. Unzweifelhaften Ruhm sollte er sich aber später als bedeutender deutscher Grönland-Forscher erwerben.

Als er noch auf Regensburger Boden stand, hatte er offenbar in Prüll sein Herz verloren: Jedenfalls schrieb er ein Lobgedicht mit dem Titel *Preis der Donaumädchen*, worin er in Abgrenzung zu Goethes *Faust* festhält, dass „nicht bloß im Sachsenlande" schöne „Mägdlein" zu finden seien, sondern auch „am Donaustrande" und insbesondere in der „Burg am Regen". Um das zu unterstreichen, wird Giesecke genauer. In der Kirche zu Karthaus habe er seine Angebetete zum ersten Male erblickt.

Da, wo sich die Karthause
Hoch über's Thal erhebt,
Wo in der engen Klause
Sankt Brunos Jünger lebt;

Wo von der Klostermauer
Fern aller Lärm entflieht,
Und melanchol'scher Schauer
Die Zellen überzieht;

Da liegt an heil'ger Stelle,
Berühmt durchs ganze Land,
*Die kleine Betkapelle,**
Wo ich mein Mädchen fand;

Wie sie vor Andacht glühte,
Umstrahlt von Engelsglanz,
Und betend niederkniete
Mit ihrem Rosenkranz.

Vom hochverehrten Kreuze
Wich fast ihr Auge nicht,
Und froher Unschuld Reize
Umflossen ihr Gesicht.

Wie war ich da so trunken
Von ihrem süßen Blick,
Und um und um versunken
In frommer Liebe Glück!

Ich kann sie nicht vergessen,
Gott weiß es, wie sie da
Hat neben mir gesessen,
Und wie mir da geschah.

Drum kann ich auch nichts denken,
Als nur alleine sie;
Ach! Mögt' er mir sie schenken,
Dann würd' ich fromm wie sie!

Aus meines Herzens Fülle
Fleh' ich, o Gott, zu dir:
Ist es dein heil'ger Wille
So gib das Mädchen mir!

* Gemeint ist wohl die Kapelle des hl. Bruno, die heute als Sakristei dient.

Man mag es kaum glauben: Diese „Liebhaber-Poesie" (im wahrsten Sinne des Wortes) erschien im März 1786 im *Deutschen Museum* (Leipzig), einer der bedeutendsten Zeitschriften des 18. Jhs. Dort wurde der Leser des Gedichts in einer Fußnote darüber aufgeklärt, dass das Regensburger Kloster „Sankt Pruel, das einzige Karthäuserkloster in Baiern", romantisch „auf einer Anhöhe", gelegen sei, „von der man das ganze Tal übersehen kann", und überdies auch „ein angenehmes Tannenwäldchen" zu bieten habe. Zumindest dieser schöne Ausblick auf Regensburg ist durch die Ausdehnung der Stadt verloren gegangen.

Karl Ludwig Giesecke (* 6. April 1761, Augsburg, † 5. März 1833, Dublin) schloss sich 1783 nach einem abgebrochenen Studium der Rechte und der Mineralogie in Göttingen einer Wanderbühne an. Ab 1784 war er zwei Jahre lang am Theater in Regensburg tätig, wo er ein Theaterjournal herausgab. Von 1789 bis 1800 gehörte er der Theatertruppe Emanuel Schikaneders in Wien an. Offenbar hatte Giesecke dort auch die Aufgabe, dessen Entwürfe in Verse umzusetzen. Auch für die Mozart-Opern *Le nozze di Figaro* und *Così fan tutte* lieferte Giesecke 1793/94 die deutschen Bearbeitungen. Zu Schikaneders Unmut reklamierte er wiederholt eine (Mit-)Urheberschaft an der *Zauberflöte* für sich. Für eine tatsächliche Mitarbeit am *Zauberflöten*-Libretto sprechen u. a. Parallelen zu seinem Schauspiel *Oberon* (1789). 1800 verließ der verschuldete Bühnenautor Wien und begann ein erstaunliches „zweites Leben": Er widmete sich der Geologie und brach 1806 zu einer mehrjährigen Grönland-Expedition auf. 1813 wurde er zum Professor für Mineralogie in Dublin berufen. Noch heute ist in Grönland u. a. ein See nach ihm benannt.

Alfred Döblin stört die „Königlich bayerische Ruhe"

Die literarische Qualität der Kirchenbesucher sollte sich steigern: Mitte Oktober 1905 ging in dem längst zur „Kreis-Irrenanstalt" umgewandelten, säkularisierten Kloster die Bewerbung eines jungen Berliner Nervenarztes ein – sein Name: Dr. Alfred Döblin. Ein Jahr lang, vom 16. November 1905 bis zum 1. Oktober 1906, sollte Döblin, Avantgardist des modernen deutschen Romans, als Assistenzarzt in „Karthaus" tätig sein. Eine überlieferte Aktennotiz zu seiner Bewerbung verrät viel über den Geist der wilhelminischen Zeit: Seine Anstellung wurde befürwortet, „obwohl" er Jude war – Döblin war schlicht der einzige Bewerber ...

Vor diesem Hintergrund überrascht es nicht, dass Döblin hier auf Dauer nicht glücklich wurde. Darauf lässt ein Brief vom 22. November 1905 schließen:

„Ich sitze hier unter lauter absolut Verrückten. Wahnsinnig interessante Fälle zum Teil. Hab wenig zu tun eigentlich, sehr netter Direktor; bin bis heute noch nicht aus den Anstaltsmauern gekommen seit fast einer Woche. Ich habe 150 Weiber in meiner Hut; die Anstalt hat 650 Patienten. Ein Bechsteinflügel steht zu meiner Verfügung; meine Kollegen musizieren leidlich trivial Zither und Geige – –.

Wo Döblin eine Stellung und Horváth einen Stoff fand: das Krankenhaus Karthaus

Reichlich ist alles vorhanden, Ochsen, Hühner und Idioten.
‚Sonst' geht's mir gut ...“

Döblin nutzte die Zeit kreativ. Er arbeitete an seiner musikphilosophischen Schrift *Gespräche mit Kalypso* (1910), ein von Döblins Auseinandersetzung mit Nietzsche beeinflusster Dialog über die seelische und universelle Dimension der Musik. Jahrzehnte später hat er dies in seinem autobiografischen Rückblick *Epilog* (1948) festgehalten:

„Damals saß ich übrigens in Regensburg als Assistenzarzt in der Kreisirrenanstalt und schrieb eine abstrakte lange Betrachtung (ich weiß nicht mehr, wie ich darauf kam), betitelt ‚Gespräch mit Kalypso über die Musik und die Liebe'.“

Doch schon nach einem Jahr verließ Döblin Regensburg. Bereits im Sommer 1906 verspürte er ein „Verlangen nach Berlin“, und der Großstadt-Literat stöhnte: „Oh dieses Nest hier“! Spannungen mit ärztlichen Kollegen waren eskaliert und der Entschluss, „dieses Nest“ zu verlassen, stand fest. Schuld daran waren – Döblin zufolge – die Inkompetenz und Klüngelei der Kollegen; vielleicht spielte aber auch das Ego des ambitionierten Assistenten Döblin eine gewisse Rolle, was sich zwischen den Zeilen eines seiner Briefe durchaus andeutet:

„Ich geh von hier ... deshalb, weil die Herren, die selbst nichts gelernt haben, mir keine wissenschaftliche Förderung natürlich zukommen lassen können, besonders weil ich mit allen überworfen bin. Den Oberarzt hab ich wegen Beleidigung verklagt; die Hauptverhandlung ist noch nicht gewesen. Den ersten Assistenzarzt sprach ich schon seit einem halben Jahr nicht, nach einem Krach. Den andern Herrn bin ich, da sie mich gar nicht interessierten, stets aus dem Weg gegangen. Der Direktor ist Korpsbruder des ersten Assistenten, ergo –. Die Situation hab ich nur aus Trotz noch ein bissel ertragen, schließlich langweilts einen ja; man fühlt sich auch zu gut für solche Kleinstädtereien. Ich habe auch zu sehr ihre Kgl. bayerische Ruhe gestört.–“

Alfred Döblin (* 10. August 1878, Stettin, † 26. Juni 1957, Emmendingen) hat mit seinem Roman *Berlin Alexanderplatz* (1929) nicht nur den bedeutendsten Großstadtroman der Weimarer Republik geschaffen, sondern zugleich eines der Hauptwerke der Moderne in Deutschland (aufgrund der „simultanen“ Erzähltechnik oft verglichen mit James Joyces *Ulysses*, 1922). Auch durch die Verfilmung von Rainer Werner Fassbinder (1979/80) gilt *Berlin Alexanderplatz* als Döblins bekanntestes Buch. Döblin studierte in Greifswald und Freiburg i. Br. Medizin und wurde Psychiater. 1910 war er Mitarbeiter der revolutionären Kunstzeitschrift *Der Sturm*. 1933 emigrierte er nach Paris, 1940 in die USA. Nach dem Krieg kehrte er nach Deutschland zurück (anfangs als „Kulturoffizier“). 1941 konvertierte er – zum Entsetzen Bert Brechts – vom jüdischen Glauben zum Katholizismus und vertrat ein theologisch inspiriertes Menschenbild. Begraben liegt Döblin in Housseras in den Vogesen, wo sich sein Sohn Wolfgang 1940 erschossen hatte, um der Gefangennahme durch die Wehrmacht zu entgehen.

Ödön von Horváth und der „Fall Maldaque“

Die Nervenheilanstalt Karthaus sollte Jahre nach Döblins Abschied noch auf unrühmliche Weise von sich reden machen: Und zwar durch das Schicksal der Elly Maldaque, die dort am 20. Juli 1930 unter ungeklärten Umständen ums Leben kam. Der Aufsehen erregende Fall wurde noch in demselben Jahr durch Ödön von Horváth (1901–1938) literarisch aufgegriffen.

Was war geschehen? Die am 5. November 1893 geborene Elisabeth Maldaque arbeitete an der Von-der-Tann-Schule in Regensburg. Sie war die erste evangelische Volksschullehrerin der Stadt. 1926 traf sie eine Mitstudentin wieder, die als Lehrerin in Weimar arbeitete und Kommunistin geworden war. Sie wurde zum Vorbild für Elly, welche fortan eine sehr idealistische Vorstellung vom Kommunismus entwickelte. Die Regensburgerin nahm nun an Treffen KPD-naher Organisationen teil, begleitete linksgerichtete Liederabende am Klavier und las kapitalismuskritische Literatur. Ihre Wandlung und ihr Umgang wurden jedoch beobachtet. Man befürchtete eine Indoktrinierung der Schulkinder. Die Polizei ließ sie monatelang bespitzeln und eine Hausdurchsuchung bei ihr durchführen. Dabei hat man Ellys Tagebuch entdeckt und später einige Sätze daraus gegen sie verwendet. Nachdem sie Urlaub für eine Reise in die Sowjetunion beantragt hatte, wurde sie fristlos aus dem Schuldienst entlassen und verlor ihre Pensionsansprüche. Der Verlust ihres Berufes und das Gefühl, den Behörden hilflos ausgeliefert zu sein, griffen ihre seelische Gesundheit an. Ihr Vater ließ Maldaque am 9. Juli 1930 zwangsweise in die Nervenheilanstalt Neuprüll-Karthaus einliefern. Nach zwölf Tagen Aufenthalt verstarb sie dort, offiziell an Lungenentzündung und Herzschwäche.

Insgesamt 90 Zeitungsartikel erschienen zum „Fall Maldaque“, auch überregional, durchweg geprägt vom Tenor der Empörung hinsichtlich des Umgangs mit der Lehrerin. Kenntnis von dem Fall erhielt so auch der gesellschaftskritische österreichische Autor Ödön von Horváth, der später durch Volksstücke wie *Geschichten aus dem Wienerwald* (1931) oder *Kasimir und Karoline* (1932) und durch seinen Roman *Jugend ohne Gott* (1938) bekannt wurde. Horváth erstellte noch 1930 mehrere Szenen zu einem Drama, genannt *Die Lehrerin von Regensburg*. Zitat aus dem *Ersten Gesamtplan* von Horváth: „Rekonstruieren wir den Fall! Ohne etwas zu beschönigen!“ Das 7. Bild der 2. Fassung spielt im „Irrenhaus“. Auszug: „Der Doktor: „Geistig bestehen keine Bedenken. Ihr Zustand ist ein psychogener Ausnahmezustand, als Folge der Aufregungen. Körperlich bestehen allerdings Bedenken. Sie hat 41 Grad und wird künstlich ernährt." Zitat der Freundin von Elly: „Hier wird ein Mensch gemordet! Wird gestorben!" Die sieben Horváth-Bilder blieben Fragment. Dessen Uraufführung fand erst 1976 im Theater Wiesbaden statt und wurde mit der damaligen Diskussion um Berufsverbote für Kommunisten im Westdeutschland der 1970er Jahre verknüpft.

Der „Fall Maldaque" bedeutete jedoch noch nicht den Tiefpunkt in der Geschichte dieses Ortes: Während des „Dritten Reichs" wurden mehr als 600 Patienten des Sanatoriums Opfer des NS-Euthanasieprogramms. Eine Gedenkstätte befindet sich im Vorhof der Kirche.

Ödön von Horváth (* 9. Dezember 1901, Fiume/Rijeka, † 1. Juni 1938, Paris) gilt als Mitbegründer des modernen, sozialkritischen Volksstückes. U. a. für sein Stück *Geschichten aus dem Wienerwald* erhielt er 1931 den Kleist-Preis. Der Sohn eines österreichisch-ungarischen Diplomaten wuchs u. a. in Budapest, Wien und München auf. Von 1919 bis 1922 belegte er an der Universität München literatur- und theaterwissenschaftliche Seminare. Später lebte Horváth in Berlin und in Murnau am Staffelsee. Nach der „Machtergreifung" und Auseinandersetzungen mit Nationalsozialisten in Murnau verließ er Deutschland und lebte fortan meist in Wien und in Henndorf bei Salzburg, wo er wie Stefan Zweig zum Kreis um Carl Zuckmayer gehörte. Nach dem „Anschluss" Österreichs 1938 ging Horváth in die Emigration, u. a. nach Zürich und Amsterdam. Bereits 1937 war in einem Exilverlag sein bekanntester Roman, *Jugend ohne Gott*, erschienen, der die moralische Verwahrlosung junger Menschen in der Diktatur schildert. Noch in demselben Jahr wurde Horváth bei einem Aufenthalt in Paris auf den Champs-Élysées in Folge eines Blitzschlags von einem herabfallenden Ast einer Platane erschlagen.

Gotik, Renaissance, Barock: Blick ins Innere der Kirche St. Vitus

Walhalla

Die Walhalla und Regensburg – das gehört für Reisende zusammen, seit der deutsche „Ruhmestempel" bei Donaustauf 1842 eröffnet wurde. Die Walhalla war vom bayerischen König Ludwig I. erdacht als Denkmal für die bedeutendsten Persönlichkeiten „teutscher Zunge" und ist ein herausragendes Zeugnis der Nationalromantik in der ersten Hälfte des 19. Jhs. Geplant wurde sie von Ludwigs Hofbaumeister Leo von Klenze (1784–1864) im Stil eines griechischen Heiligtums (in Anlehnung an den Parthenon in Athen), benannt ist sie nach dem Ruheort gefallener Helden in der nordischen Mythologie. Die Grundsteinlegung erfolgte am 18.10.1830, am Gedenktag der Völkerschlacht bei Leipzig. Die ursprünglich freie Sichtachse von der Walhalla nach Westen zur mittelalterlichen Burgruine Donaustauf und zum gotischen Regensburger Dom ist der romantischen Idee einer neuen kulturellen Blütezeit verpflichtet, in der sich Antike und Hochmittelalter zu einer Synthese vereinen sollten. Solche Fantasien dienten dazu, das Fehlen eines deutschen Nationalstaats durch den Gedanken einer „Kulturnation" zu kompensieren.

Auch Heinrich Heine kam noch in die „marmorne Schädelstätte"

Ein Besucher in der Frühphase des Walhalla-Tourismus war Eduard Mörike (1804–1875). Mörike hielt sich im Herbst 1850 auf dem zwischen Regensburg und Donaustauf liegenden Schloss Pürkelgut auf.

Während seines dortigen Aufenthalts stattete er nicht nur den Sehenswürdigkeiten der Stadt einen Besuch ab, sondern er pilgerte auch zur nahegelegenen Walhalla. Von Schloss Pürkelgut aus – einst so etwas wie das „Regensburger Sanssouci" – hatte man einen freien Blick auf den klassizistischen Ruhmestempel. Dort erwarteten Mörike Büsten von Dichtern, die der deutschen Literatur in der Aufklärung und Klassik zu europäischem Rang verholfen hatten: Goethe, Herder, Klopstock, Lessing, Schiller und Wieland. Heute stellen Literaten in dem 160 Büsten und Gedenktafeln umfassenden Monument eine Minderheit dar. Vielleicht liegt es daran, dass Dichter zu den ersten Kritikern des Monuments gehörten. Heinrich Heine, Hoffmann von Fallersleben und Anastasius Grün eröffneten die bis heute geführte Debatte, wer zu Recht oder zu Unrecht (nicht) in die Walhalla aufgenommen worden sei. Mit Heine reklamierten sie, dass z. B. „Luther, der Dickkopf", fehle. Der Reformator rückte dann 1847 nach. Zusätzliche Dichter sollten mit Stifter, Eichendorff und Jean Paul erst nach 1945 hinzukommen; 2010 folgte schließlich Heinrich Heine (1797–1856) selbst. Ob Heine darüber glücklich gewesen wäre, sei dahingestellt: Zeitlebens hatte er für Ludwig und die Walhalla nur beißenden Spott übrig, so dichtete er in seinen *Lobgesängen auf König Ludwig* (1843):

Bei Regensburg lässt er erbaun
Eine marmorne Schädelstätte
Und er hat höchstselbst für jeden Kopf
Verfertigt die Etikette.

Betrachtungen eines Niederländers

Eine ähnlich ironische Schmähung der „marmornen Schädelstätte" ist dem Niederländer Cees Nooteboom zu verdanken, der den deutschen Ruhmestempel ganz ähnlich ein „marmornes Beinhaus" nannte. Wie er es in seinen 1991 erschienenen *Berliner Notizen* festgehalten hat, hatte Nooteboom, als er anlässlich einer Lesung in Regensburg

Feuerwerk zum 175. Geburtstag der Walhalla im Jahre 2017

weilte, ein Bild der Walhalla in der *Atlantis*-Lesestube gesehen und wollte „sofort hin". Seine Impressionen vom Donaustaufer Tempelberg sind ebenfalls in seinen *Berliner Notizen* überliefert, einer Sammlung von Reflexionen über eine nach der deutschen Wiedervereinigung unternommene Deutschland-Reise. Noch unter dem Eindruck des Münchner Königsplatzes, den er zuvor besucht und noch in der (heute revidierten) Umgestaltung aus der NS-Zeit gesehen hatte, drängen sich Nooteboom zugleich Parallelen und Unterschiede zwischen der Walhalla und der NS-Architektur auf (für deren Monumental-Stil Klenzes Klassizismus und Ludwigs Nationalromantik nur schwer verantwortlich zu machen sind):

Wasserschloss mit Walhalla-Fernblick: Pürkelgut vor den östlichen Toren der Stadt, gemalt von Eduard Mörike

„Das letzte Stück muss zu Fuß gegangen und geklettert werden, das Höhere lässt sich nicht so leicht erobern. In der Ferne leuchtet nun das niedrige Land mit den Türmen Regensburgs, der Fluss liegt da wie ein breiter Streifen gewalzten Eisens, durch die kahlen Bäume glitzert der Marmor des Königstraumes, schon wieder einer. Der König und sein Architekt – so etwas muss auch in Hitler vorgegangen sein, als er sich nachts mit Speer über den Zeichentisch beugte –, nach der Glyptothek in München ist dies das zweite Bauwerk der beiden Herren, dem ich in dieser Woche einen Besuch abstattete …
Groß musste der deutsche Tempel werden, ‚nicht nur kolossal im Raum – Größe muss in der Bauart sein, hohe Einfachheit, verbunden mit Pracht …' Und wer, da es an Göttern mangelte, sollte in der Walhalla wohnen? ‚Walhallas Genosse werden kann, wer teutscher Zunge sei … rühmlich ausgezeichneten Teutschen …' Ich gehe in diesen ehrwürdigen Schauder hinein und treffe eine edle Gesellschaft versteinerter Gesichter, den ausgezehrten Kant, den jugendlichen, etwas aufgeblähten Goethe … Reihenweise stehen die weißen Büsten in dem hohen, hellen Raum Klenzes und starren mit blinden Augen auf die umherschlur-

fenden Nachkommen. Der königliche Gründer hatte mein armes Land in Gedanken schon annektiert, denn in der Gesellschaft von Bach und Leibniz, Mozart und Paracelsus, erinnerter Feldherren und vergessener Kurfürsten treffe ich Boerhaave, Willem von Oranien, Hugo de Groot, Marten Harpertszoon Tromp. Ganz oben geistern die gesichtslosen Helden und Heiligen herum, ihre Erinnerung besteht ausschließlich aus Buchstaben: Eginhard, Horsa, Marbod, Hengist, Teutelinde und Ulfila, ich kenne sie nicht, kann mir dabei aber die tollste Musik aus Bayreuth vorstellen. Der König selbst sitzt so locker da, wie es der Marmor zulässt, mit Lorbeer bekränzt, die nackten Füße in Sandalen, die Toga lässig übergeworfen, ein römischer Senator, von geflügelten Löwen flankiert. Lola Montez und die 1848er Revolution zwangen ihn, den Thron aufzugeben, seine Walhalla jedoch stand. Außen führen 358 Marmorstufen hinunter, und es ist leicht zu sehen, warum Hitler die Walhalla nicht mochte: Es gab keinen Platz für Menschenmassen, und somit auch keinen für einen dramatischen Auftritt. Dieses marmorne Beinhaus war für Leute bestimmt, die alles schon getan hatten, und nicht für solche, die noch alles vor sich hatten, dafür war diese Bühne zu klein.“*

* Herman Boerhaave (1668–1738), niederländischer Mediziner; Hugo de Groot (Grotius) (1583–1645), niederl. „Vater des Völkerrechts“; Marten Harpertszoon Tromp (1598–1653), niederl. Admiral.

Cees Nooteboom wurde am 31. Juli 1933 in Den Haag geboren und lebt in Amsterdam sowie auf Menorca. Sein umfangreiches Werk, das in viele Sprachen übersetzt ist, umfasst Erzählungen, Berichte, Gedichte und vor allem große Romane wie *Rituale* (1980) und *Allerseelen* (1998). Als junger Journalist hatte er 1956 über den Ungarn-Aufstand berichtet, 1963 über den SED-Parteitag und 1968 über die Studentenunruhen in Paris. Nootebooms Ruf als „großer europäischer Schriftsteller“ (Marcel Reich-Ranicki) und als „ewiger Nobelpreis-Kandidat“ beruht nicht zuletzt auf seinem Werk als Reiseschriftsteller (zuletzt *Venedig – Der Löwe, die Stadt und das Wasser*, 2018). Seine Reiseberichte wie die hier zitierten *Berliner Notizen* sind weniger Reportagen als vielmehr Reflexionen, in denen persönliche, politische und historische Perspektiven auf mitunter melancholische oder feinsinnig-ironische Weise erzählerisch miteinander verwoben werden.

Anhang

Literaturverzeichnis

1. Zitierte Werke, Editionen und Biographica

Arndt, Ernst Moritz
Bruchstücke einer Reise von Baireuth bis Wien im Sommer 1798, Leipzig 1801, S. 115–129 (auch in: *Reisen durch einen Theil Teutschlands, Ungarns, Italiens und Frankreichs in den Jahren 1798 und 1799*, Leipzig 1804).

Arnim, Achim von
Der Wintergarten, in: Sämtliche Romane und Erzählungen, hg. v. Walther Migge, Bd. 2, München 1963, S. 123–435.
Regensburg, in: Helene M. Kastinger Riley, Ludwig Achim von Arnims Jugend- und Reisejahre, Ein Beitrag zur Biographie mit unbekannten Briefzeugnissen, Bonn 1978, S. 64f.
(mit Clemens **Brentano**): *Des Knaben Wunderhorn, Alte deutsche Lieder*, Darmstadt 1966, S. 24f.

Beckett, Samuel
German Diaries 1936–1937, hg. v. Oliver Lubrich u. Mark Nixon, Frankfurt a. M. (in Vorbereitung).
Reisen ins Reich 1933 bis 1945, Ausländische Autoren berichten aus Deutschland, hg. v. Oliver Lubrich, Frankfurt a. M. 2004, S. 172.
Weitermachen ist mehr als ich tun kann, Briefe 1929–1940, hg. v. George Craig (u. a.), übersetzt v. Chris Hirte, Frankfurt a. M. 2013, S. 524.

Bemelmans, Ludwig
An der schönen blauen Donau, Roman, Aus dem Englischen von Florian Sendtner, Frankfurt a. M., Leipzig 2007, S. 14, 49, 155.
Hotel Splendid, Roman, Köln, Berlin 1955, S. 13f.
Last visit to Regensburg, Erzählung, übersetzt von Gerd Burger, in: Regensburger Almanach 1999, S. 88–93.

Bergengruen, Werner:
Deutsche Reise, Neuausgabe, München 2006, S. 262–266.

Bernhard, Thomas
Meine Preise, Frankfurt a. M. 2009, S. 20–31.

Bertram, Gerit
Die Tochter des Medicus, 2. Aufl., München 2016, S. 89.

Brentano, Clemens
Brief an Achim von Arnim, Dülmen, 9. Januar 1824, in: Achim von Arnim und Clemens Brentano, Freundschaftsbriefe, hg. v. Hartwig Schultz, Bd. 2, Frankfurt a. M. 1998, S. 769–780.
Brief an Apollonia Diepenbrock, Regensburg, 17. August 1832, zitiert nach Schaub, Gerhard: Ein unbekannter Brief Clemens Brentanos, in: Euphorion, Zeitschrift für Literaturgeschichte, 62, 1968, S. 345–364.
Das bittere Leiden unseres Herrn Jesu Christi von Anna Katharina Emmerich, 2. Aufl., Sulzbach 1834 (Sämtliche Werke und Briefe, Historisch-kritische Ausgabe, Bd. 26, hg. v. Bernhard Gajek), Stuttgart 1980, S. 3f.

Britting, Georg
Die kleine Welt am Strom, Geschichten und Gedichte, Stuttgart 1980, S. 3.
Regensburg, in: Sämtliche Werke, hg. v. Ingeborg Schuldt-Britting, Bd. 13, Anfang und Ende, Bilder und Erzählungen aus dem Nachlass, Höhenmoos 2008, S. 141–143.
Regensburger Bilderbögen, in: Sämtliche Werke, Bd. 1, Frühe Werke, Prosa, Dramen, Gedichte, 1920 bis 1930, hg. v. Walter Schmitz u. Hans Ziegler, München 1987, S. 12ff.

Demski, Eva
Sumsemann und Ehrbare Dirne, Erinnerungen einer damals Vierjährigen an das Regensburger Theater der Nachkriegszeit, hg. v. Theater Regensburg, limitierte Aufl., Regensburg 2005, S. 7f.
Unterwegs, Frankfurt a. M. 1988, S.42–58, 59ff.

Döblin, Alfred
Briefe, Ausgewählte Werke in Einzelbänden, hg. v. Walter Muschg u. Heinz Graber, Olten, Freiburg i. Br. 1970, S. 33, 43f.
Epilog, in: *Die Zeitlupe*, Kleine Prosa, Aus dem Nachlass hg. v. Walter Muschg, Olten, Freiburg i. Br. 1962, S. 250.

Eichendorff, Joseph von
Tagebücher, Text und Kommentar, hg. v. Ursula Regener (Sämtliche Werke des Freiherrn Joseph von Eichendorff, Historisch-kritische Ausgabe, begründet v. Wilhelm Kosch u. August Sauer, fortgeführt u. hg. v. Hermann Kunisch u. Helmut Koopmann, Bd. 11), Tübingen 2006, S. 272–285.

Engelmann, Bernt; **Wallraff**, Günter
Ihr da oben – wir da unten, erweiterte Ausgabe, Köln 1975 (zuerst 1973), S. 46.

Giesecke, Karl Friedrich
Preis der Donaumädchen, in: Bayerische Bibliothek, Texte aus zwölf Jahrhunderten, hg. v. Hans Pörnbacher u. Benno Hubensteiner, Bd. 3, Die Literatur der Aufklärung, München 1990, S. 761ff.

Goethe, Johann Wolfgang von
Italienische Reise, Tagebuch der Italienischen Reise für Frau von Stein, hg. v. Christoph Michel u. Hans-Georg Dewitz (Sämtliche Werke, Briefe, Tagebücher und Gespräche, I. Abt., Bd. 15/1) Frankfurt a. M. 1993, S. 12ff., 28, 605ff., 625.

Heine, Heinrich
Lobgesänge auf König Ludwig, in: Sämtliche Gedichte in zeitlicher Folge, hg. v. Klaus Briegleb, 2. Aufl., Frankfurt a. M., Leipzig 1994, S. 455.

Hölderlin, Friedrich
Gedichte, Sämtliche Werke und Briefe, hg. v. Jochen Schmidt, Bd. 1, Frankfurt a. M., 1992, S. 285f., 320, 350, 385.

Horváth, Ödön von
Horvaths „Lehrerin von Regensburg", Der Fall Elly Maldaque, Materialien, hg. v. von Jürgen Schröder, Frankfurt a. M. 1982, S. 19, 52f.

Huch, Ricarda:
Im alten Reich, Lebensbilder deutscher Städte (Gesammelte Werke, Bd. 8), Köln 1967, S. 620–636.

Hurt, Benno
Die Stadt in meinen Büchern, in: *Regensburg, Reise-Lesebuch*, hg. v. Hubert Ettl u. Gerd Burger, Viechtach 2006, S. 124–134.

Jean Paul
Briefe an Karoline Richter, Regensburg, 22./31. August 1816, in: Briefe 1815–1819, in: Jean Pauls sämtliche Werke, Abt. 3, Bd. 7, Berlin 1954, S. 82, 84.

Klemperer, Victor
Curriculum vitae, *Erinnerungen*, 1881–1918, Bd. 2, Berlin 1995, S. 624.
Leben sammeln, nicht fragen wozu und warum, Tagebücher 1918–1924, Bd. 1, Berlin 1996, S. 256.
Ich will Zeugnis ablegen bis zum letzten, Tagebücher 1933–45, Bd. 2, Berlin 1995, S. 719, S. 811–815.

Klüger, Ruth
weiter leben, *Eine Jugend,* Göttingen 1992, S. 210ff.

Laube, Heinrich
Reisenovellen, Bd. 2, Leipzig 1834 (Reprint Frankfurt a. M. 1973), S. 40–51.

Lenz, Hermann
Castra Regina, in: *Die Schlangen haben samstags frei,* Erzählungen, hg. v. Rainer Moritz, Frankfurt a. M., Leipzig 2001, S. 153ff.
Der Tintenfisch in der Garage, Erzählung, Frankfurt a. M. 1977, S. 7f.
St. Emmeram oder Bayerische Frömmigkeit, in: Merian – Regensburg, Januar 1968, S. 38–43.

Magris, Claudio
Donau, *Biographie eines Flusses*, Aus dem Italienischen von Heinz-Georg Held, München, Wien 1988, S. 117–123.

Mann, Thomas
Der Erwählte, 30. Aufl., Frankfurt a. M. 2015, S. 7ff.
Der Zauberberg, Große Kommentierte Frankfurter Ausgabe, Werke – Briefe – Tagebücher, Bd. 5/1, hg. v. Michael Neumann, Frankfurt a. M. 2002, S. 690f.
Tagebücher 1918–1921, hg. v. Peter de Mendelssohn, Frankfurt a. M. 1979, S. 409, 414f.

Mörike, Eduard
Briefe 1846–1850, hg. v. Albrecht Bergold u. Bernhard Zeller (Werke und Briefe, Historisch-kritische Gesamtausgabe, Bd. 15), Stuttgart 2000, S. 337, 342ff., 349.

Nicolai, Friedrich
Beschreibung einer Reise durch Deutschland und die Schweiz im Jahre 1781, Bd. 2, Berlin, Stettin 1783, S. 338ff.

Nooteboom, Cees
Berliner Notizen, Aus dem Niederländischen von Rosemarie Still, Frankfurt a. M. 1991, S. 201ff.

Opatoshu, Joseph
Ein Tag in Regensburg, hg. v. Sabine Koller, Regensburg 2019, S. 15, 68, 85.

Paretti, Sandra
Im Nixenkahn der Donau, Vorwort von Eberhard Dünninger, Regensburg 1996 (zuerst u. d. Titel *Mein Regensburger Welttheater*, Freiburg i. Br. 1989), S. 23f.

Schäfer, Hans Dieter
Oberer Wöhrd, in: *Tauchen und Auftauchen*, Gedichte (in Vorbereitung). Erstveröffentlichung des Gedichts durch die Akademie der Wissenschaften und der Literatur Mainz: https://www.adwmainz.de/klasse-der-literatur/symptome.html (01.01.2022).

Schindler, Oskar
Ich, Emilie Schindler, Erinnerungen einer Unbeugsamen, hg. v. Erika Rosenberg, überarb. Neuaufl., München 2006, S. 69ff., 72f., 73, 151f., 170.
Ich, Oskar Schindler, Die persönlichen Aufzeichnungen, Briefe und Dokumente, hg. v. Erika Rosenberg, 2. Aufl, München 2000, S. 38, 112f., 103ff., 145, 432.
David M. Crowe, *Oskar Schindler, Die Biographie,* Frankfurt a. M. 2005, S. 129, 243, 487f., 543, 546f., 570, 602ff., 615, 623, 662.
Thomas Keneally, *Schindlers Liste*, Roman, 2. Aufl., München 1994, S. 336.
Erika Rosenberg, *Oskar Schindler, Seine unbekannten Helfer und Gegner*, Berlin 2012, S. 77f.

Schirnding, Albert von
Posthorn-Serenade, Regensburg 1992, S. 20f.

Schwerdt, Otto
(mit Mascha **Schwerdt-Schneller**), *Als Gott und die Welt schliefen*, 40. Aufl., Viechtach 2018, S. 81.

Wenders, Wim
Orphée-Gedicht, in: Aviso extra, Zeitschrift für Wissenschaft und Kunst in Bayern, Welterbestätten in Bayern, 2013, S. 102f. (Wiederabdruck mit freundlicher Genehmigung der Wim-Wenders-Stiftung).

Winder, Simon
Germany, oh Germany, Ein eigensinniges Geschichtsbuch, Reinbeck b. Hamburg 2010, S. 15.

Wir haben uns bemüht, alle Copyright-Inhaber ausfindig zu machen. Sollte dies in Einzelfällen nicht gelungen sein, bitten wir dies zu entschuldigen und um Nachricht an den Verlag.

2. Literatur (Auswahl)

2.1 Stadt-, Kultur- und Kunstgeschichte Regensburgs

Bauer, Karl: *Regensburg, Aus Kunst-, Kultur- und Alltagsgeschichte*, Regensburg 1962 (6. Aufl. 2014).

Boll, Walter: *Regensburg*, 4. Aufl., München, Berlin 1983.

Brielmaier, Peter; Moosburger Uwe: *Regensburg, Metropole im Mittelalter*, hg. v. Peter Morsbach, 2. Aufl., Regensburg 2007.

Codreanu-Windauer, Silvia; Gieß, Harald: *Aufgespürt, Geschichte vor unserer Haustür*, hg. v. Peter Kittel, Regensburg 2007.

Dehio, Georg: *Handbuch der Deutschen Kunstdenkmäler, Bayern V: Regensburg und die Oberpfalz*, bearbeitet von Achim Hubel (u. a.), 2. Aufl., München, Berlin 2008.

Färber, Sigfrid: *Regensburg, Das mittelalterliche Wunder Deutschlands*, 20. Aufl., hg. v. Konrad Maria Färber, Regensburg 2008.

Freitag, Matthias: *Kleine Regensburger Stadtgeschichte*, 4. Aufl., Regensburg 2011.

Hiley, Ann: *Regensburg, A Short History*, Regensburg 2013.

Karnatz, Sebastian: *Regensburg, Streifzüge durch 2000 Jahre europäische Geschichte*, Cadolzburg 2018.

Moosburger, Uwe; Morsbach, Peter: *Regensburg und Europa im Mittelalter, Wege der Architektur*, Regensburg 2009.

Morsbach, Peter; Brandl, Anton J.: *Kunst in Regensburg*, Regensburg 1995.

Obermeier-Kundel, Dagmar: *Begehbare Träume, Regensburger Parks und Grünanlagen*, Regensburg 2018.

Schindler, Herbert: *Kunstführer Regensburg, Kunstdenkmäler, Kirchen, Profanbauten aus zwei Jahrtausenden*, Regensburg 2001.

Trapp, Eugen: *Welterbe Regensburg, Ein kunst- und kulturgeschichtlicher Führer zur Altstadt Regensburg mit Stadtamhof*, Regensburg 2008.

2.2 Literaten in Regensburg

Angerer, Birgit: *Goethe und Regensburg, Anmerkungen zu Goethes Aufenthalt am 4. September 1786*, in: Regensburger Almanach 1999, S. 10–17.

Barbey, Rainer; Petzi, Erwin (Hg.): *Kleine Regensburger Literaturgeschichte*, Regensburg 2014.

Birkenseer, Karl: *Tauchfahrten nach Atlantis, Fred Strohmaier hat seine berühmte Buchhandlung (1989–2017) geschlossen*, in: Regensburger Almanach 2017, S. 182–195.

Baron, Bernhard M., *Oberpfälzer Litera-Tour* (www.literaturportal-bayern.de/themen; 14.05.2020).

Burger, Gerd: *Berühmte Gäste in Regensburg*, in: Regensburger Almanach 2012, S. 24–31.

Dietz, Karlheinz; Waldherr, Gerhard H.: *Berühmte Regensburger, Lebensbilder aus zwei Jahrtausenden*, Regensburg 1997.

Dünninger, Eberhard (Hg.): *Regensburg, Das Bild der Stadt im Wandel der Jahrhunderte*, Amberg 1995.

Dünninger, Eberhard: *Regensburg und die Tagebücher von Victor Klemperer*, in: Regensburger Almanach 1999, S. 94–106 (S. 104).

Ettl, Hubert; Burger, Gerd (Hg.): *Regensburg, Reise-Lesebuch*, Viechtach 2006.

Fuchs, Achim: *Döblin in Regensburg*, in: Verhandlungen des Historischen Vereins für Oberpfalz und Regensburg, Bd. 118, 1978, S. 287–292.

Gajek, Bernhard: *Romantiker in Regensburg, Bilder aus dem literarischen Leben um 1800*, in: *1803, Wende in Europas Mitte, Vom feudalen zum bürgerlichen Zeitalter*, hg. v. Peter Schmid u. Klemens Unger, Regensburg 2003, S. 135–172.

Heigl, Peter: *Regensburg privat, Von Albertus Magnus bis Oskar Schindler, Ein Gang durch die Stadt*, Regensburg 1997.

König, Eginhard (Hg.): *Bei Regensburg lässt er erbaun eine marmorne Schädelstätte, Ein Leseheft zur Walhalla*, Regensburg 2014.

Kohlhäufl, Michael; Lindinger, Stefan; Liamin, Sergej u. Schießl, Michaela (Hg.): *Emanuel Schikaneder, Regensburger Schauspiele*, Regensburg 2009.

Krause, Hans-Jürgen: *6 Fuß hoch und ohne Gebrechen, Friedrich Hölderlin in Regensburg*, in: Regensburger Almanach 1978, S. 72–77.

Panzer, Marita A.: *Regensburgerinnen aus zwei Jahrtausenden* (Kulturführer Stadt Regensburg, Bd. 26), Regensburg 2022.

Radlmeier, Steffen: *Beckett in Bayern, Ich bin froh, wenn ich hier weg bin* (Kleine fränkische Bibliothek, Bd. 19), Bamberg 2011, S. 50–52.

Regener, Ursula: *Eichendorff in Regensburg 1807 und 1808, Zum Sightseeing unter prekären Bedingungen und zur Donaufahrt in* „Ahnung und Gegenwart“, in: Verhandlungen des Historischen Vereins für Oberpfalz und Regensburg, Bd. 159, 2019, S. 313–352.

Regener, Ursula: *Goethe in Regensburg – updated*, in: Verhandlungen des Historischen Vereins für Oberpfalz und Regensburg, Bd. 157, 2017, S. 165–210.

Regener, Ursula: *Mörike in Regensburg und Mozart auf der Reise nach Prag,* in: Verhandlungen des Historischen Vereins für Oberpfalz und Regensburg, Bd. 158, 2018, S. 101–134.

Reiser, Rudolf: *Alte Häuser, Große Namen – Regensburg*, Regensburg 2008.

Schäfer, Hans Dieter: *Britting und Regensburg*, in: *Georg Britting (1891–1964),* Vorträge des Regensburger Kolloquiums 1991, hg. v. Bernhard Gajek u. Walter Schmitz, Frankfurt a.M. (u. a.) 1993 (Regensburger Beiträge zur Deutschen Sprach- und Literaturwissenschaft, Reihe B, Untersuchungen, Bd. 52), S. 9–54 (S. 41 u. S. 48).

Schmid, Norbert E.: *Ruth Klüger – „weiter leben“ in Regensburg*, in: Regensburger Almanach 1998, S. 53–56.

Seifert, Sylvia: *Stolpersteine in Regensburg,* Regensburg 2016.

Sixt, Eva: *Heut geh ich ins Theater, Die große Leidenschaft des Herrn Blank*, Regensburg 2004.

Soller-Kastropp, Traudi: *Als Gott und die Welt erwachten, Nachruf auf Otto Schwerdt*, in: Regensburger Almanach 2008, S. 160f.

Styra, Peter: *Pater Emmeram und Schloss Prüfening*, in: *Bibliotheken, Literatur, Regensburg und die Oberpfalz, In memoriam Eberhard Dünninger (1934–2015)*, hg. v. Bernhard Lübbers u. Peter Morsbach, Regensburg 2016, S. 124–139.

Vidal, Armin: *Das Museum Schaefferianum und Goethes Italienische Reise*, in: *Jacob Christian Schäffer (1718–1790), Universalgenie in Regensburg – Pfarrer, Naturforscher, Techniker, Erfinder* (Kulturführer Stadt Regensburg, Bd. 22), Regensburg 2018, S. 44–47.

Bildnachweis

Bernhard Zellner: 124, 138
Deutsches Literaturarchiv Marbach: 186
Historisches Museum Regensburg, Leihgabe der St. Katharinenspitalstiftung (Albrecht Altdorfer, Die beiden Johannes, nach 1507): 157
Kollegialstift Unserer Lieben Frau zur Alten Kapelle, Foto: Philipp Schönborn: 66
Kunstforum Ostdeutsche Galerie: 161
Museen der Stadt Regensburg (Foto: Dallago, Regensburg): 80
Uwe Moosburger (altrofoto.de): 8/9, 10, 14/15, 20, 22/23, 24, 26, 29, 31, 32/33, 34, 36, 41, 42/43, 48, 50/51, 55, 57, 58/59, 60, 62, 64, 68/69, 73, 74, 76/77, 79, 84/85, 90/91, 93, 98/99, 102, 104/105, 109, 110/111, 113, 115, 117, 118/119, 123, 126/127, 130, 131, 132, 134/135, 142/143, 149, 151, 152/153, 155, 160/161, 163, 165, 166/167, 168, 169, 170, 172/173, 181, 182, 183, 185

Umschlagmotive
Vorderseite: Ausschnitt aus dem Gemälde „Goethe in der römischen Campagna" von Johann Heinrich Wilhelm Tischbein von 1787 (pixabay, WikiImages) im Ambiente der Steinernen Brücke von Regensburg (Foto: Uwe Moosburger)
Rückseite: Blick auf die belebte Steinerne Brücke (Foto: Uwe Moosburger).
Innenklappen: vorne: Regensburg von oben (Foto: Uwe Moosburger); hinten: Stadtplan von Regensburg (Bearbeitung: Heike Jörss, Regensburg)

Autoren der Beiträge

„Ein kleines Wunder" (MK), Stadtamhof und Steinerne Brücke (MK), Steinerne Brücke und Oberer Wöhrd (MK), Historische Wurstkuchl und Gasthof *Zum Weißen Lamm* (MK/SL), Porta Praetoria (SL), Alte Kapelle und Niedermünster (MK), Dom St. Peter (SL/MK), Neupfarrplatz (WS), Ehemalige Buchhandlung Atlantis (MK), Goliathhaus (WS), Altes Rathaus (MK), Restaurant und Hotel *Orphée* (MK), Ehemalige Klosterkirche St. Emmeram (SL/MK), Fürstliches Schloss (MK), Schnupftabakfabrik in der Gesandtenstraße (WS), Haidplatz und *Goldenes Kreuz* (MK/WS), Arnulfsplatz und Theater (WS/MK), Portal der Schottenkirche (MK), Stadtpark (MK/WS), Ehemalige Klosterkirche und Schloss St. Georg-Prüfening (MK/WS), Ehemalige Klosterkirche Karthaus-Prüll (MK/WS), Walhalla (MK)

Dank

Die Herausgeber danken für wertvolle Hilfe: Rita Dietl, Peter Lang, Hans-Ulrich Müller-Schwefe, Rudolf Neumaier, Isabel Oberacher-Velten, Jule Ott, Alexander Pfannenstiel, Siegmund Probst, Thomas Reche, Martina Schlemmer-Bade, Albert Ringshandl, Eva Sixt.